Monika Aschl · Mit Gewürzen & Kräutern kochen und heilen

Monika Aschl

Mit Gewürzen & Kräutern kochen und heilen

Ennsthaler Verlag · A-4401 Steyr

Wichtiger Hinweis:

Die in diesem Buch angeführten Ratschläge und Rezepte wurden von der Autorin sorgfältig geprüft. Jeder Leser bleibt jedoch aufgefordert, in eigener Verantwortung zu entscheiden, ob und inwieweit die hier angegebenen Methoden und Therapievorschläge für ihn eine Alternative zur Schulmedizin darstellen. Autorin, Verlag, Berater, Vertreiber, Händler und alle anderen Personen, die mit diesem Buch in Zusammenhang stehen, können weder Haftung noch Verantwortung für eventuelle Folgen übernehmen, die direkt oder indirekt aus den in diesem Buch gegebenen Informationen resultieren oder resultieren sollen. Bitte, konsultieren Sie Ihren Arzt!

ISBN 3-85068-569-1

Monika Aschl · Mit Gewürzen & Kräutern kochen und heilen

Umschlaggestaltung, Layout, Satz und Lithos: • bleifrei • Digitale Satz- und Bildverarbeitung, Steyr
Titelbild zur Verfügung gestellt von „Ostmann Gewürze"
Druck: Ernst Denkmayr GmbH, A-4020 Linz

Inhaltsverzeichnis

Dank an Alle*,*
die mich mit gekonnten Aufnahmen von Gewürzen unterstützt haben:

Edith Hausenblas *fotografierte in orientalischen Gewürzmärkten für mich.*
Julia Birnbaum*, die Kennerin Madagaskars, stellte ihre Bilder von den Gewürznelken, der Muskatnuss, des Pfeffers und der Vanille zur Verfügung.*
Philipp Köll *steuerte seine Zimtschälerin bei.*

Vorwort

Sehr geehrte Leserin und sehr geehrter Leser!

Ich hoffe, Ihnen macht das Buch genau so viel Spaß und Freude wie mir und es erweitert Ihren Horizont in Bezug auf die Nützlichkeit von Gewürzen.

Es ist faszinierend, wie man mit Gewürzen vorbeugend auf die Schwächen seines Körpers eingehen und so eine Krankheitsentstehung umschiffen kann.

Natürlich kann die Kraft der Gewürze auch unterstützend bei schon bestehenden Erkrankungen genutzt werden.

Sobald Sie Gewürze als Heilmittel verwenden, sollten Sie sich mit einem Arzt ihres Vertrauens absprechen. Denn Sie werden bei der Lektüre des Buches erkennen, daß natürlich viele medizinisch wirksame Pflanzen auch Nebenwirkungen erzeugen können oder bei manchen Erkrankungen nicht angebracht sind.

Auf jeden Fall ist der Mineralstoff- und Vitamingehalt der Gewürze nicht zu unterschätzen. Daher kann mit ihnen auch Mangelerscheinungen entgegen gewirkt werden.

Denken Sie bitte daran, daß es sich um Naturprodukte handelt, die natürlichen Schwankungen in der Zusammensetzung unterliegen. Das trifft nicht nur auf Mineralstoff- und Vitamingehalt, sondern auch auf die aktiven, heilkräftigen Wirkstoffe der Pflanze zu. Deswegen ist es sehr wichtig, den Pflanzen optimale Lebensbedingungen zu bieten, damit sie all ihre Kräfte entfalten können.

Aber Gewürze sind nicht nur für die Gesundheit gut, sondern liebkosen auch den Gaumen und die Seele des Menschen. Eine gute und harmonisch gewürzte Speise wirkt auf Psyche und Körper gleichermaßen positiv.

In diesem Sinne wünsche ich Ihnen alles Gute
und viel Freude mit dem Buch

MMag. Monika Aschl

Foto: Monika Aschl

„Und auf der Wiese [dort] steht ein Baum,
der ist gar herrlich anzuschaun,
seine Wurzel ist Galgant und Ingwer,
seine Triebe sind ganz aus Zitwer,
aus feinem Muskat seine Blüten sind,
und die Rinde aus süßem duftenden Zimt,
die Früchte wohlriechende Nelken sind,
dazu man reichlich Kubebe findt."

Teil der irischen Ballade über das Schlaraffenland aus dem 14. Jahrhundert

Einleitung

„Gewürze zwischen Göttern, Genesung und Geschmack“

Die Wissenschaft wird nie mit Sicherheit sagen können, wann der Mensch zum ersten Mal zu einem Gewürz griff.

Aber wahrscheinlich tat er es sehr bald. Ob damals der heilkräftige oder geschmacksverbessernde Aspekt im Vordergrund stand, darüber kann man heute nur mehr rätseln. Aber vermutlich trugen beide Eigenschaften ihr Scherflein bei, um die Gewürze beliebt zu machen. Erste Belege für den frühen Gebrauch der Aromate in unseren Breiten lieferten Ausgrabungen. In prähistorischen Pfahlbausiedlungen (ca. 3000 v. Chr.) fanden Archäologen Spuren von Kümmel und anderen Heilpflanzen.

Mit Beginn der ersten Hochkulturen im Zweistromland, Ägypten und China nahm die Bedeutung und die Verehrung der Gewürze mit Sicherheit zu. Tausende Händler, damals wie heute, lebten von dem Handel mit dem kostbaren Gut. Sogar Pharaonen bekamen als Grabbeigabe Gewürze, wie das Grab von Tutanchamun und auch Funde in Maadi (3000 v. Chr.), bei denen Bockshornklee geborgen wurde, belegen. Safran, der als eine der allerältesten Kulturpflanzen gilt, wurde schon 2300 v. Chr. schriftlich erwähnt. Er gab einer Stadt am Euphrat ihren Namen: Azupirano, die „Safran-Stadt“. Zu den ältesten Gewürzen schlechthin zählt auch der Koriander, der in einigen ägyptischen Papyrusschriften, in alten indischen und chinesischen Medizinbüchern sowie in der Bibel Erwähnung findet. Das göttliche Manna wird mit ihm verglichen:

„Und es war wie Koriandersamen und weiß und hatte einen Geschmack wie Semmeln und Honig.“

Im Papyrus Ebers, eine der ältesten erhaltenen Schriften über die ägyptische Heilkunde, werden einige Gewürze und ihre gesundheitsfördernden Eigenschaften dokumentiert: z. B. Anis, Bockshornklee, Koriander und Dill.

Eines der ersten „Dopingmittel“ ist der Fenchel. Griechische Sportler pflegten ihn in Unmengen zu verzehren, da er als äußerst kräftigend galt. Daher nannte man auch den Langstreckenlauf „Marathon“, denn „marathos“ ist der griechische Name für Fenchel. Aber es gab auch damals schon Kritiker, die den allzu unreflektierten Gebrauch von Heil- und Kraftmitteln aufs Korn nahmen. Einer von ihnen war der gefürchtete Satiriker Aristophanes. Er schrieb in seinem Werk „Die Ritter“ folgenden Vers, den er einen Feldherrn sagen ließ:

„Jetzt schlingt diese Knoblauchzehen hinunter! Gut vorbereitet mit Knoblauch, werdet ihr euch mit gewaltigem Mut ins Gefecht stürzen.“

Nicht nur der Knoblauch hatte in der Antike den Ruf die Kräfte zu stärken, auch die Petersilie galt als „Energypflanze“. Die Gladiatoren erhielten bei ihrem letzten und öffentlichen Mahl vor dem Kampf in der Arena Gerichte, die reichlichst mit Petersilie aromatisiert worden waren. Es hieß, sie verleihe Schnelligkeit, Geistesgegenwart und Konzentration. All das sind Eigenschaften, die einem Gladiator das Überleben ermöglichen konnten.

Die Gewürze waren auch eng mit der damaligen Götterwelt verknüpft. In Delphi, dem Orakel Apollons, schliefen seine prophetischen Priesterinnen auf Lorbeerblättern, inhalierten Lorbeerrauch und kauten Lorbeerblätter, bevor sie in Trance fielen und weissagten. Der Tempel, die Statuen und der Altar wurden mit Lorbeerzweigen geschmückt und im Vorhof des Tempels durfte nur mit einem Lorbeerbesen gekehrt werden. Daher verlieh man dem Heilgott Apollon den Beinamen „der Lorbeertragende“. Der Rosmarin, den die Römer auch Meertau nannten, da er in Küstennähe wild wächst, war der Aphrodite geweiht. Mit ihm wurde auch in ihren Heiligtümern geräuchert. Gleichfalls als Räucherwerk wurde der Thymian von den Griechen genutzt. Allein sein Name weist schon darauf hin: „Thyo“ heißt „den Göttern ein Opfer bringen“ und von diesem Wort leitete sich der griechische Name Thymos für den Thymian ab.

Die antike Welt sowie ihre Götter waren süchtig nach Gewürzen und Aromaten, daher verwundert es nicht, daß etliche Handelswege lange geheimgehalten wurden und Handelstreibende, die neue Gewürze mitbrachten, ein Vermögen verdienen konnten. Oft fielen als Nebenerscheinung großer Eroberungszüge neue Importrouten für Aromate an:

z.B. brachte Alexander der Große als erster den Pfeffer von Indien in den Mittelmeerraum.

Im Mittelalter nahm sich Karl der Große, der viel für die Pflanzenheilkunde und Ackerwirtschaft tat, auch der Gewürze an. So empfahl er den Anbau verschiedenster Gewürze wie Basilikum, Dill, Rosmarin, Petersilie und Thymian in seinem „Capitulare de villis" (Landgüterverordnung). Die aphrodisische Wirkung des Bohnenkrautes wurde von der Kirche im Mittelalter gefürchtet. Daher wurde es Mönchen verboten, das lustfördernde Kraut in den Klostergärten anzubauen. Beim Volk hingegen galt es als „Pflanze des Glücks". Viele Aromate fanden in dieser Zeit ihren Weg nach Europa. Erst im 9. Jh. gelangte z.B. der Galgant durch arabische Kaufleute nach Westeuropa, wo er mit Freuden aufgenommen wurde. Er war damals so kostbar, daß sich hohe weltliche und kirchliche Würdenträger damit gegenseitig beschenkten.

Die Äbtissin und kräuterkundige Hildegard von Bingen interessierte sich sehr für die Heilkraft der Gewürze und ihr verdanken wir einige in diesem Buch vorkommenden Rezepte.

Die nächste Revolution in der Geschichte der Gewürze fand mit der Entdeckung Amerikas durch Christoph Kolumbus statt. Er brachte neben Silber und Gold auch andere Schätze nach Europa. Chilis, Piment und Vanille waren in der Ladung seiner Schiffe untergebracht und wurden heiß begehrte Handelsware. Der eigentliche Grund seiner Reise war es ja gewesen, einen neuen Handelsweg nach Indien zu finden, um das Monopol der italienischen Handelsstädte Venedig und Genua auf indische Gewürze (Pfeffer, Ingwer etc.) zu brechen. Meist kommt es anders als man denkt, und Kolumbus entdeckte ein neue Welt statt einen neuen Weg.

Im weiteren Verlauf der Geschichte entbrannte immer wieder Streit um die Handelsrouten der Gewürze und eine Großmacht nach der anderen erkämpfte sich das Monopol auf bestimmte Anbaugebiete.

Heutzutage bestimmen Angebot und Nachfrage den Preis und den Importweg der Ware. Leider ziehen dabei Kleinbauern in der Regel den kürzeren und Großunternehmen, die den Arbeitern nicht mehr als einen Hungerlohn zahlen, kassieren ab. Daher ist es ein Zeichen von Solidarität und Menschenfreundlichkeit, wenn man exotische Gewürze in einem Dritte Welt Laden oder bei Unternehmen, die unter Fair Trade Handelsbedingungen die Aromate importieren, kauft. Noch dazu unterscheiden sich solche Gewürze meist auch durch ihre bessere Qualität von den „Supermarktprodukten“. Einheimische Kräuter erwirbt man am besten frisch am Markt, beim Bauern oder als getrocknete Ware im Bioladen. Denn nur qualitativ hochwertige Aromate haben auch die größten Heilkräfte.

Heilende Gewürze
von
Anis bis Zimt

Anis
Pimpinella anisum

Süßer Kümmel, Römischer Fenchel

Steckbrief

Er kommt in Griechenland und Ägypten wild vor, wird aber schon seit dem Altertum als Gewürz- und Heilpflanze kultiviert.

Der Anis ist eine einjährige Pflanze, die bis zu einem Meter hoch werden kann, und hellgrüne, gefiederte Blätter sowie weiße Doldenblüten hat. Er kann ab Ende März, Anfang April ausgesät werden, jedoch nicht früher, da die Keimlinge keinen Spätfrost vertragen. Die Samen müssen gut mit Erde bedeckt werden, da Anis ein Dunkelkeimer ist. Die Keimdauer beträgt bis zu vier Wochen. Anis darf höchstens alle drei Jahre wieder auf dem gleichen Ort angebaut werden. Nur an einem sonnigen warmen Platz reifen die Samen in unseren Breiten voll aus.

Verwendete Pflanzenteile

- Samen

Wirkung

- Der Anis ist stärkend und erwärmend. Seine Früchte regen alle Körperfunktionen an, aktivieren die Sekretionen, unterstützen die Herzarbeit, erweitern den Atmungsaustausch, verstärken die Abwehrkräfte des Körpers gegen Infektionen und steigern die Leistung der Nervenzellen.
- Daher sollten Galle und Leberkranke ihn vermehrt in der Küche verwenden.
- Noch dazu hilft er bei Verdauungsbeschwerden, Blähungen und Koliken. Außerdem macht Anis den Mund wässrig. Bei trockenem Mund empfiehlt es sich, Anis sehr lange (15 Minuten) zu kauen, die Folge ist eine erhöhte Speichelabsonderung.
- Auch aufgrund seiner auswurffördernden (Anis verstärkt die Flimmertätigkeit des Bronchialepithels) und entspannenden Wirkung kommt er bei hartnäckigen Husten und Katarrhen der Atemwege innerlich und äußerlich zur Anwendung. Dabei beruhigt er auch den Kranken, was einer Heilung nur förderlich ist.
- Da er stimuliert, bekämpft er allgemeine Ermüdungszustände sowie Migräne.
- Ferner wirkt er milchtreibend bei jungen Müttern.
- Anisöl kräftigt den Magen und wirkt krampfstillend (2 - 6 Tropfen auf 1 Stk. Zucker). Auch kann man damit eine Creme gegen Kopfläuse und Krätze herstellen, dazu mischt man 1 Teil Öl und 10 Teile Fett (Vaseline oder Öl).

! Aufgepasst

Eine **Anisessenz** darf **nicht zu stark** sein, da sie sonst schädlich wirken kann! Daher halten sie sich bitte **genau** an die Dosierung!

Küchen- und Heilrezepte

Aufgrund seines stark süßlichen und gleichzeitig würzigen Geschmacks kann der Anis sehr vielseitig verwendet werden. Zum Beispiel in Gebäck (Anisbusserl). Aber auch in Saucen, Salaten und Gemüsen, sowie Süßspeisen und Likören findet man Anis. Zwetschkenmus, Obstsalat und rote Rüben vertragen gut eine Prise Anis. In der indischen, chinesischen und Mittelmeerküche ist er sehr beliebt.

Will man das gesamte Aroma zur Entfaltung bringen, so mahlt oder zerquetscht man die Körner erst kurz vor dem Gebrauch. Weiters kann man leicht eine angenehme, gesundheitsfördernde Aniskur machen, indem man einige Samenkörner in Kuchenteig und Marmeladen mischt.

Kletzenbrot
(Der Weihnachtsklassiker einmal ohne Zitronat und Orangeat)

- 1,5 kg Kletzen (Dörrbirnen)
- ½ kg Dörrzwetschken
- ¼ kg Rosinen
- ¼ kg Feigen
- 200 g Mandeln
- 200 g Haselnüsse
- 15 g Zimtpulver
- 4 g Nelkenpulver
- 10 g gemahlener Anis
- 20 g gemahlener Kardamom
- 15 g gemahlener Ingwer
- 5 EL Honig
- 1,5 kg Vollkornmehl
- 120 g Hefe

Die Kletzen und Zwetschken über Nacht im Wasser einweichen. Am nächsten Tag die Feigen, Kletzen und entkernten Zwetschken klein schneiden und mit den Gewürzen, Honig, Mandeln und Nüssen vermengen.

Aus etwas Mehl mit der Hefe und ein wenig Einweichwasser der Trockenfrüchte ein Dampfl bereiten (Vorteig). Dazu die Hefe ins Wasser einrühren, dann Mehl unterrühren bis ein weicher Teig entsteht und ½ Stunde gehen lassen. Nun mit dem restlichen Mehl vermischen und soviel Einweichwasser unterkneten bis ein fester Teig entsteht. In diesen Teig die Trockenfrüchtemischung einarbeiten. Den Kletzenteig an einem warmen Ort zweimal gehen lassen und wieder zusammenschlagen. Jetzt aus dem Teig entweder längliche Brotlaibe formen oder ihn in eine gefettete und bemehlte Kastenform einfüllen. Die Laibe gut aufgehen lassen und im vorgeheizten Ofenrohr (ca. 250° C) 1 - 1 ½ Stunden backen.

Dieses „Brot“ hält sich ungefähr 3 Wochen, ist zur Weihnachtszeit sehr beliebt und kann auch zusammen mit Käse verspeist werden. Das verschafft ein ungewohntes aber leckeres Geschmackserlebnis.

Kürbis-Hafer-Laibchen

- ¼ l Hafer
- ca. 400 g fein geraspelter süßer Kürbis
- ⅛ - ¼ l Mehl oder Semmelbrösel
- 1 - ½ TL Salz
- ¼ l Wasser
- 1 Ei
- 1 - 2 TL Anis
- Olivenöl

Den Hafer grob schroten, in das kochende gesalzene Wasser einrühren und zugedeckt auf der abgeschalteten Platte 20 Minuten nachquellen lassen. Nun das Ei, den Kürbis und den Anis unterrühren; ist die Masse nicht fest genug mit Mehl oder Semmelbrösel binden. Nun Laibchen formen und in Öl beidseitig knusprig braun aber nicht zu dunkel braten. Mit einer Kräuter-Joghurt-Sauce servieren.

Der Hokaidokürbis eignet sich wegen seines süßlichen Geschmacks und seiner festen Konsistenz hervorragend für dieses Gericht.

Anisbusserl

- 80 g Honig
- 2 EL Sojamehl
- 2 Eier à 60 g
- Anis
- 80 g Mehl
- 1 TL Backpulver
- Vanille

Das Eiweiß der beiden Eier halbfest schlagen, dann Dotter, Honig, Sojamehl und Vanille darunter schlagen und zum Schluss das mit Backpulver vermischte Mehl darunterheben.

Mit einem Teelöffel werden kleine Häufchen auf ein gefettetes und bemehltes Backblech gesetzt, diese werden mit Anis bestreut und über Nacht stehengelassen. Tags darauf schiebt man sie ins mittelheiße Backrohr und bäckt sie goldgelb. Sie müssen noch warm vom Blech gelöst werden.

Verdauungstee

- 1 Teil Anis
- 1 Teil Salbei
- 1 Teil Fenchel
- 1 Teil Minze

Dieser Tee hilft bei schlechter Verdauung und Blähungen.

Anistinktur

I)

- 500 g Anis (100 g Anis)
- 2,5 kg 80 % Alkohol (0,5 kg 80 % Alkohol)

Den Anis im Alkohol 4 Tage bei Raumtemperatur ziehen lassen, danach abseihen und in Flaschen aufbewahren. Vorsicht bei der Anwendung, **nur äußerlich!**

II)

- 120 g Anis oder 60 g Anis und 60 g Fenchel
- 1 l Schnaps oder Alkohol
- Schale von zwei ungespritzten Zitronen

Anis mit geriebener Zitronenschale im Schnaps ansetzten, 3 Wochen in der Sonne oder an einem warmen Ort stehen lassen, dann abseihen. Von dieser Tinktur werden 2 - 4 TL pro Tag innerlich eingenommen.

Brustkompressen

Aus 15 - 20 Prisen Früchte auf einen Liter Wasser einen Absud herstellen. Mit diesem Sud Tücher tränken und auf die Brust auflegen. Anzuwenden bei Stauungen in der Brust, damit die Milch einströmen kann.

Mischtee zu Förderung der Milchbildung

- 1 Teil Lavendelblüten
- 1 Teil Majoran
- 2 Teile Anis
- 2 Teile Dillsamen
- 2 Teile Fenchel
- 2 Teile Rosmarin

1 EL der Mischung mit 1 Tasse Wasser überbrühen. Man trinkt in der Früh auf nüchternen Magen sowie abends eine Tasse warmen Tee.

Gurgelwasser bei Mandelentzündung

- 1 Teil Anis
- 1 Teil Salbei
- 1 Teil Minze

1 TL der Teemischung mit 1 Tasse kochendem Wasser überbrühen und nach 10 Minuten abseihen. Mit diesem warmen Tee gurgeln.

Anis-Creme

- 1 Teil Anisöl
- 10 Teile Schweinefett

Im Wasserbad das Öl mit dem Fett gut vermengen und in saubere Glasgefäße abfüllen.

Basilikum
Ocimum basilicum

Königskraut, Balsam, Basilienkraut

Steckbrief

Der Basilikum kleidet sich in die unterschiedlichsten Gewänder. Je nach Sorte reicht die Farbskala von hellgrün über sattes moosgrün bis zu tiefem rot mit einem lila Stich. Seine Blätter sind entweder klein und fein oder bis zu 5 cm lang, sie können außerdem gezackt, gekräuselt oder glatt sein. Basilikum erkennt man nicht auf den ersten Blick, sondern auf den ersten Riecher, da das Einzige, was allen Sorten gemein ist, der intensive Duft ist.

Basilikum kommt ursprünglich aus Indien, wurde aber schon im Zeitalter der Pharaonen nach Ägypten und Europa eingeführt. Eine der verschiedenen Basilikumarten ist den Indern heilig: die süß-kampferartig duftende Tulasi-Pflanze *(Ocimum sanctum)*. Sie ist dem indischen Gott Vishnu und seiner Göttergattin Lakshmi geweiht. Auf Altären in Hausgärten und an heiligen Orten wird diese Pflanze gezogen. Es gilt in Indien als Ausdruck der religiösen Ehrerbietung täglich ein Tulasi-Blatt zu sich zu nehmen.

Wer „Das Dschungelbuch" von R. Kipling gelesen hat, wird die Stelle kennen an der Mogli, der von den Dorfbewohnern inzwischen für einen Dämon des Dschungels gehalten wird, vom Priester, der zur Abwehr der bösen Geister ein Tulasi-Blatt schwenkt, vertrieben wird. So fand das heilige Kräutlein seinen Weg in die Weltliteratur.

Leider ist die zart duftende, zierliche Basilikumpflanze, die sich mit weißen oder rosa Blüten schmückt, einjährig und muss jedes Jahr neu gezogen werden. Im Garten sollte er Ende Mai an einem sonnigen Platz ausgesät werden. Bei einer Nachttemperatur unter 10° C keimt er nicht, daher sind Setzlinge für den Garten sicherer. Am besten gedeiht er in einem Topf, wobei die Erde immer feucht gehalten und nicht gedüngt werden sollte. Die Blätter können immer geerntet werden und für den Wintervorrat entweder getrocknet oder in Olivenöl bzw. Salz eingelegt werden. Das beste Aroma liegt in den Blättern, wenn sie kurz vor der Blüte gepflückt werden. Man kann auch die sich bildenden Blütenknospen immer wieder abzupfen und so das hervorragende Aroma in der Pflanze behalten.

Verwendete Pflanzenteile

- Blätter
- Blüten
- Samen

Wirkung

- Er ist blähungstreibend, magenstärkend und appetitanregend, daher wird er bei Magenkatarrh, Darmentzündungen, Vergiftungserscheinungen im Magen-Darm-Trakt, Erbrechen, Magenkrämpfen, Blähung und Stuhlverstopfung verwendet.
- Nervosität, Schlafstörungen, Schwindelanfälle, Koliken, Husten, Angina sowie nervöse oder gastritisch bedingte Migräne lassen sich mit ihm behandeln.
- Bei Ohrenentzündungen kann man unterstützend ein paar Tropfen Basilikumsaft ins Ohr träufeln. Wer Lust an einem wohlriechenden Mittel gegen Stirnhöhlenkatarrh hat, sollte sich Basilikumblätter in die Nasenlöcher stecken.
- Ebenso entfaltet er seine heilkräftige Wirkung bei Nierenentzündung, Blasenkatarrh, Harnbrennen oder schmerzhaftem Urinieren.
- Äußerlich angewendet als Umschlag, Tinktur oder Creme hilft er sowohl bei Eiterungen als auch bei Quetschungen und verhindert Blutvergiftungen.
- In der traditionellen chinesischen Medizin wird er zur Behandlung von blutunterlaufenen, stark tränenden Augen, Hornhauttrübung und anderen Erkrankungen des Auges oder bei Zahnerkrankungen, wie Parodontose, verwendet.
- Überdies regt Basilikum die Milchproduktion der Mutter an und verringert bei den gesäugten Kindern die Blähungen. Außerdem ist er mit 43 mg Eisen auf 100 g ein sehr guter pflanzlicher Eisenlieferant.
- Als Gurgelmittel bei Halsschmerzen und Heiserkeit ist der Basilikumtee sehr beliebt. Weiters heilt er Mundfäule, wenn man Mundbäder mit Basilikumtee macht.
- Das Kraut enthält ein stimulierendes ätherisches Öl, das verlorene Liebeskraft zurückbringen soll.
- Es ist äußerst reich an Mineralstoffen (Kalium, Calcium, Magnesium, Eisen) und Spurenelementen (Zink, Phosphor).
- Basilikum in Töpfen vor dem Haus wehrt die lästigen Fliegen ab.

Küchen- und Heilrezepte

Sein Duft und das typische scharf-würzige Aroma machen ihn unverkennbar. Bei der Zubereitung von Geflügel kann man einige Blättchen Basilikum in das Innere des Bratens stecken, wodurch nicht nur Geschmack und Duft verfeinert werden, sondern das Fleisch auch verdaulicher wird, denn Basilikum desinfiziert den Darm und verhindert Magenkrämpfe. Der Magen wird es einem danken, wenn man fette Speisen (Bratkartoffel, deftige Eintöpfe) aber auch Fisch mit ihm würzt. Ebenso kann er Salaten und Rohkostgerichten beigemengt werden. Er entfaltet immer und überall seine krampflösenden und beruhigenden Eigenschaften. Außerdem bereichert Basilikum Gemüseeintöpfe, Suppen, Lamm und Kalbfleisch. Weitere berühmte Anwendungen von Basilikum in der Küche sind das Pesto, Tomaten mit Mozzarella, Olivenöl und Basilikum sowie unterschiedlichste Gerichte der Mittelmeerküche.

Il Pesto
(Der Klassiker)

- 30 g Butter
- 2 - 4 Knoblauchzehen
- 2 EL Parmesankäse
- 3 EL Basilikumblätter od. 1 TL getr. Basilikum
- 50 g Olivenöl
- ½ Prise Gewürznelkenpulver
- ⅛ L heißes Wasser

In der Gegend von Genua wird diese Sauce sehr sorgfältig und langsam aus den gehackten Knoblauchzehen und Basilikumblättern im Mörser glatt gestoßen.

Schneller ist man, wenn man zuerst im Mixer Käse, Basilikum und Knoblauch püriert, dann Butter, Öl und zuletzt erst das heiße Wasser hinzufügt. Durch gemahlene Pignoli als weitere Zutat kann diese zu allen Teigwaren passende Sauce verfeinert werden.

Reis mit Basilikum

- ½ l Reis
- 1 EL Meersalz
- 2 Knoblauchzehen
- 1 EL Olivenöl
- ¾ l Wasser
- 1 Bündchen Basilikum
- 1 geschälte und entkernte Tomate
- 100 g geriebener Käse

Den Reis gemeinsam mit Salz und der Hälfte des gehackten Basilikums im Wasser kochen bis er gar und die ganze Flüssigkeit aufgesogen ist. Den gequetschten Knoblauch mit dem restlichen Basilikum, der Tomate, dem Öl und dem Käse vermengen. Den gekochten Reis in eine geölte Gratin-Form geben und die Mischung darauf verteilen. Im Ofen 15 Minuten überkrusten und sofort servieren.

Gewürzmischung für stillende Mütter

- 20 g Basilikum
- 10 g Fenchel
- 10 g Anis
- 10 g Majoran

Anis und Fenchel zerdrücken, Majoran und Basilikum in der Hand zerreiben und alles miteinander vermischen. Diese Mischung ist ideal für Suppen und Eintöpfe aller Art.

Basilikumwein

- 1 Handvoll Basilikum
- 1 l Süßwein

Den Basilikum drei Tage lang im Wein ziehen lassen. Danach abseihen und abfüllen.

Dieser Wein behebt jede Art von Verstopfung, wenn man die gleiche Gewichtsmenge Salatöl dazugibt und dieses Gemisch trinkt.

Tee gegen Hornhauttrübung

- 7 Basilikumsamen
- 1 Tasse Wasser

Die Samen im kalten Wasser ansetzten, langsam aufkochen und 10 Minuten simmern lassen. Jeden Abend vor dem Schlafengehen 1 Tasse von diesem Tee trinken. Er soll erst bei längerfristiger Anwendung wirken.

„Lover's Revitaliser"

Wiederbelebungstrank für Liebhaber aus dem mittelalterlichen Irland.

- 5 Teile Basilikum
- 1 Teil Thymian
- 1 Teil Majoran
- 1 Teil Verbene
- 1 Teil Schachtelhalm
- 1 Teil Fenchel
- 1 Teil Lavendel

Von dieser Teemischung 1 EL voll mit ¼ l kochendem Wasser überbrühen, 5 Minuten ziehen lassen und dann trinken.

Königliche Creme

- 9 Teile frischer Basilikumsaft
- 3 Teile Bienenwachs
- 3 Teile Hammeltalg (oder Schweinefett)
- 2 Teile Terpentin (Nadelbaumharz)
- 3 Teile Erdnussöl
- 3 Teile Kolophonium (Mastix)

Im Wasserbad gut vermengen und in sauberen licht- und luftdichten Schraubgläsern aufbewahren. Diese Creme ist eine vorzügliche Wundcreme.

Hustenkekse

- 60 g frisches gehacktes Basilikum
- 3 g gemahlener weißer Pfeffer
- 1 Prise Salz
- 125 g frischer geriebener Ingwer
- 125 g Mehl
- etwas Wasser

Aus den Zutaten einen Teig bereiten und kleine Plätzchen im Rohr daraus backen. Bei Bedarfsfall auf nüchternen Magen einige Kekse essen.

Bertram
Anacyclus pyrethrum

„Denn für einen gesunden Menschen ist er gut zu essen, weil er die Fäulnis in ihm mindert und das gute Blut in ihm vermehrt und einen klaren Verstand im Menschen bereitet. Aber auch den Kranken, der schon fast in seinem Körper gestorben ist, bringt er wieder zu Kräften, und im Menschen schickt er nichts unverdaut heraus, sondern bereite ihm eine gute Verdauung."

Hildegard von Bingen

Steckbrief

Der echte römische Bertram wächst in den mediterranen Ländern, aber auch in Marokko und im Kaukasus. Seine Wurzeln hat er im übertragenen Sinn aber in Spanien, Algerien und Marokko.

Nicht nur innerlich kann er die Sinne beleben und die Stimmung heben, denn er ist auch eine sehr hübsche, feine, winterharte Zierpflanze. Am liebsten hat er einen wasserdurchlässigen Boden in voller Sonne. Er lässt sich im Frühjahr und Herbst durch Aussaat vermehren, aber nur im Frühjahr durch Stecklinge.

Die Wurzel wird im Herbst geerntet, getrocknet und zu Pulver vermahlen. Das Grün kann man während und vor der Blütezeit verwenden.

Verwendete Pflanzenteile

- Wurzel
- Kraut

Wirkung

- Bertram ist ein Kraut, das zur Hildegardmedizin gehört wie das Amen im Gebet. Er harmoniert sehr gut mit Galgant, einem weiteren Dauerbrenner der mittelalterlichen Klostermedizin.
- Die Heilige Hildegard beschreibt ihn als blutreinigend, kräftigend und verdauungsfördernd. Er erzeugt starke Mundspeichelabsonderungen und hilft so dem Magen die Speisen leichter zu verdauen. Auch bei einer gestörten Aufnahme von Nährstoffen aus dem Darm ist er hilfreich.
- Außerdem stärkt er sowohl den Verstand als auch die Augen.
- Bertram löst auch Verschleimungen im Kopf (Schnupfen, Katarrh), hilft bei Brustfellentzündungen und bringt bei Asthma Erleichterung.

⊙ Seine Stärke aber ist, dass er vorbeugend gegen Krankheiten wirkt, da er den ganzen Körper kräftigt. Daher findet er sich auch im zentralasiatischen „Fröhlichkeitsbrei", der eines der stärksten Aphrodisiaka dieser Gegend darstellt. Zu ihm gesellen sich dabei noch Mandelbutter, Rosenblätter, Blütenblätter der Gartennelke, Safran, Muskatnuss, Kardamom, Honig und Hanf.

Küchen- und Heilrezepte

Als Gewürz in Suppen, Saucen, Salaten etc.. Die getrocknete Wurzel hat einen leicht aromatischen Geruch, der Geschmack ist neutral bis auf ein leichtes Brennen, das durch scharf schmeckende Harze hervorgerufen wird. Leider ist der im Handel erhältliche, gemahlene Bertram oft sehr geschmacklos, um nicht zu sagen fad. Daher ziehen sie ihn sich besser selber. Sie werden mit einem intensiven Geschmack belohnt werden.

Der Bertram kann bei jeder Art von Krankheit als unterstützendes Mittel eingenommen werden, z.B. Schnupfen, Katarrh, Verdauungsstörungen etc. (2-3 mal tgl. 1 TL Bertrampulver pur oder auf einem Stück Brot).

Sahnesauce

- ¼ l Weißwein
- 1 kleingehackte Zwiebel
- ⅛ l Sahne
- 1 EL Butter
- etwas Salz
- 1 Prise Bertram
- 1 Prise Pfeffer
- ¼ l Sauerrahm

Den Weißwein in einer Kasserolle mit der Zwiebel zum Kochen bringen und auf die Hälfte einkochen. Die Sahne dazugeben und bei mittlerer Hitze die Butter einrühren. Mit Salz und Gewürzen abschmecken und mit Sauerrahm verfeinern.

Diese zarte Sauce harmoniert bestens zu Fisch, Geflügel und Teigwaren.

Bechamelsauce

- 1 EL Butter
- 1 gewürfelte Zwiebel
- 1 EL Dinkelmehl
- ½ l Milch
- 1 Msp. Bertram
- 1 Msp. Muskat
- etwas Salz
- etwas gehackte frische Petersilie

In der Butter die Zwiebeln glasig dünsten, Mehl einrühren und kurz anschwitzen. Nach und nach mit Milch löschen, glatt rühren und ca. 10 Minuten köcheln. Würzen und mit Petersilie garnieren.

Die Bechamel hat keinen ausgeprägten Eigengeschmack, bringt dafür aber um so besser den Eigengeschmack von Gemüsen, Fleisch, Geflügel oder Fisch zur Geltung.

Kichererbsenpüree

- 400 g Kichererbsen
- 30 - 40 g Butter
- 1 gewürfelte Zwiebel
- ¼ l Wasser oder Milch
- 1 Prise Salz
- Bertram
- Galgant
- Pfeffer
- Muskat
- Sauerrahm

Die Kichererbsen über Nacht einweichen und mit frischem Wasser ca. 40 - 50 Minuten lang weich kochen, anschließend im Mixer pürieren. Die Zwiebel in Butter glasig werden lassen und das Kichererbsenmus unterrühren und mit Wasser oder Milch ablöschen. Das Püree aufkochen, mit Salz, Bertram, Galgant, Pfeffer und Muskat abschmecken und mit dem Sauerrahm den letzten Schliff geben.

Asthmawein

- 4 EL Bertramwurzel
- 1 EL Wacholderbeeren
- 1,5 l Rotwein
- 2 EL Wollkraut
- 1 TL grob geschnittene Alantwurzel

Alles bis auf die Alantwurzel in einem großen Topf zum Kochen bringen und 15 Minuten simmern. Am Ende der Kochzeit die Alantwurzel zufügen, den Wein abkühlen lassen und mit allen Zutaten in eine mit Alkohol ausgespülte, gut verschließbare Flasche füllen und kühl lagern.

Täglich 1 EL des frisch abgeseihten Elixiers auf nüchternen Magen einnehmen.

Bockshornklee
Trigonella foenum-graecum

Kuhhorn, Rehkörner, Ziegenklee, Griechischheu, Zeitkraut, schöne Marie

Steckbrief

Der Bockshornklee kann auf eine über 5000 Jahre währende Nutzung durch den Menschen zurückblicken. Schon 3700 v. Chr. war er unter dem chinesischen Kaiser Shin-nong eine berühmte Heilpflanze und stand in dem Ruf, eine der besten schleimlösenden Drogen zu sein.

Die Pflanze fand ihren Weg über Indien, Arabien und Persien nach Ägypten und wurde dort offizinell (im Papyrus von Ebers) 1550 v. Chr. als Arzneipflanze zur Behandlung von Brandwunden geführt. Hippokrates führte den Bockshornklee als Heilpflanze bei den Griechen ein und schon bald erfreute er sich auch bei den Römern, die ja bekannterweise den Griechen sehr viel abschauten, größter Beliebtheit. Das führte zu dem heute noch gebräuchlichen Namen 'Griechenklee'.

Später machten es sich die Benediktinermönche zur Aufgabe, den Bockshornklee an die rauheren Bedingungen nördlich der Alpen zu gewöhnen. Nachdem ihnen das gelang, wurde diese schlichte Pflanze auch von Karl dem Großen zum Anbau empfohlen.

Im arabischen Raum wird auch noch in unseren Tagen aus ihm durch Rösten eine Art Kaffee hervorgezaubert.

Diese zarte einjährige Pflanze besitzt die typischen dreigeteilten, etwas länglichen Kleeblätter. Die Aussaat erfolgt zeitig im Frühjahr. Von April bis Juli schmückt sie sich mit zarten, fast schon unscheinbaren gelblichweißen Blüten. Will man das Kraut ernten, so schneidet man die nicht verholzten Teile der blühende Pflanze ab. Ab August tragen die ca. ½ Meter hohen Pflänzchen ihre 7-10 cm langen Schoten und werden dann wegen der Samen geerntet. Die eigentümlich kantigen Samen sind durch eine Furche in zwei ungleiche Teile getrennt.

Die Aussaat geschieht zeitig im Frühjahr, und zur Samenernte im Herbst werden die Pflanzen eingebracht. Diese auch als Futtermittel sehr beliebte Pflanze gedeiht auf jedem guten Boden.

Verwendete Pflanzenteile

- Samen
- getrocknete, gemahlene Pflanze

Wirkung

- Bei Bronchitis beruhigt er den Erkrankten und sein Tee löst Verschleimungen in der Lunge. Bei hitzigem Fieber kühlt er und eignet sich auch gut als Gurgelwasser, da er Entzündungen abheilen hilft.
- Der kalt angesetzte Tee hilft bei Appetitlosigkeit von Kindern und Erwachsenen, stärkt den Kranken und beseitigt den sogenannten „Geruch der Krankheit", der bei längerer Erkrankung durch die Haut ausgedünstet wird. Bei Schweißfüßen sollte man des öfteren ein Fußbad mit dem schleimigen, nicht abgeseihten Tee machen.
- Weiters steigert der Tee die Abwehrkräfte des Körpers und wirkt blutreinigend. Er kann daher auch in Verein mit warmen Breiumschlägen sogar zur unterstützenden Behandlung von Hauttuberkulose und Lupus erythematodes eingesetzt werden.
- Die Samen sind entzündungshemmend, erweichend und aufsaugend. Die pulverisierten Samen, mit warmem Wasser zu einem Brei angerührt, eignen sich hervorragend für Umschläge bei Rheumaschmerzen, Neuralgien, Ischias, Drüsenanschwellungen und Frostbeulen. Aber auch bei Nagelbettentzündungen, Furunkeln, Karbunkeln und Schleimbeutelentzündung wirkt er erweichend und schmerzlindernd. Kneipp empfiehlt dieses Mittel mit Wärme und sagt: „*Foenum graecum* ist das beste von allen mir bekannten Mitteln zum Auflösen von Geschwülsten und Geschwüren."
- Wird der gepulverte Samen Kindern, die an Schwund der Knochensubstanz, Knochengeschwulst oder Knochenmarksentzündungen leiden, innerlich verabreicht, so zeigen sich gute Heilerfolge.
- Außerdem wird ihm eine Haarwuchs fördernde Eigenschaft nachgesagt.
- Ebenso gilt er mit Rosenöl vermengt als Schönheitsmittel bei den Frauen, das die Haut besänftigt und einen klaren Teint verleiht.
- Er genießt einen Ruf als gutes Aphrodisiakum.
- Weiters regt Bockshornklee auch die Muttermilchbildung an. In China wird er den Frauen auch bei Hitzewallungen und Depressionen in den Wechseljahren empfohlen und das nicht nur wegen seines hohen Calcium-Gehaltes (das nach der Menopause für Frauen an Wichtigkeit noch zunimmt). Seine Sterin-Saponine, das sind Inhaltsstoffe die den menschlichen Sexualhormonen stark ähneln, begründen diesen Einsatz des Bockshornklees.
- Aber es gibt noch einen anderen Grund ihn in der Küche zu verwenden: Das kräftige Aroma seiner gemahlenen Samen vertreibt Motten, Wanzen und Kornwürmer.

! Aufgepasst

Er sollte in der Schwangerschaft nicht als Heilmittel verwendet werden, da er die Uterusmuskulatur stimuliert!

Küchen- und Heilrezepte

Sein sellerieartiger Geschmack wird sehr geschätzt. Trotzdem muss man sich mit dem Würzen zurückhalten, denn in größeren Mengen kommt seine nicht erwünschte Geschmackskomponente (unangenehm bitter) zum Vorschein.

Aus der asiatischen Küche ist er nicht wegzudenken und findet sich dort in vielen Currymischungen und Chutneys. Hier werden zwei dieser feurigen und exotischen Mischungen vorgestellt.

Die heilige Hildegard hat ihn auch zum Bestandteil einer Gewürzmischung (s. Pfeffer) gewählt.

Eine Prise Bockshornklee in Eintöpfen, Suppen, Saucen, Fleischmarinaden und deftigen Gerichten ist die richtige Art mit ihm zu würzen. Man hüte sich wie schon gesagt davor, es zu gut mit ihm zu meinen. Seinem etwas herben Aroma zum Trotz werden auch einige Süßigkeiten mit ihm zubereitet.

Joghurt Spinat

- ½ kg Spinat
- 1 EL Öl
- 1 TL schwarze Senfsamen
- 1 TL Kreuzkümmelsamen
- 1 TL gemahlener Kreuzkümmel
- ½ TL Bockshornkleesamen
- 1 Prise Cayennepfeffer
- ½ TL Salz
- ¼ l Joghurt

Den gewaschenen Spinat kurz mit 1 EL Wasser dünsten und danach klein hacken.

Das Öl in einem kleinen Topf erhitzen, zuerst die Senfsamen rösten bis sie knistern, nun den Kreuzkümmel und den grob zerstoßenen Bockshornkleesamen zugeben und weiter rösten bis der Kleesamen goldbraun ist. Vom Feuer nehmen und die restlichen Gewürze mit dem Salz einrühren, abkühlen lassen und den Joghurt untermischen. Die Sauce mit dem Spinat vermengen und diesen kalt oder zimmerwarm als Beilage servieren.

Ceylon Currypulver

- 250 ml Koriandersamen
- 125 ml Kreuzkümmelsamen
- 1 EL Fenchelsamen
- 1 TL Bockshornkleesamen
- 1 Stange Zimt (ca. 5 cm lang)
- 1 TL ganze Gewürznelken
- 1 TL Kardamomsamen
- 2 EL gemahlener Reis (nach Belieben)
- 2 TL Cayennepfeffer (nach Belieben)
- 2 EL getrocknete Curryblätter (nach Belieben)

In einer trockenen Pfanne bei schwacher Hitze immer für sich Koriander, Kreuzkümmel, Fenchel und Bockshornklee unter ständigen Rühren dunkelbraun rösten. Aber nicht anbrennen lassen. Abgekühlt gemeinsam mit den restlichen ungemahlenen Gewürzen in einem Mixer fein mahlen. Falls erwünscht, nun den Cayennepfeffer und das Reispulver untermengen. Diese köstliche Currymischung in ein luftdichtes, dunkles Glas abfüllen.

Grüne Masala-Paste

- 1 TL Bockshornkleesamen
- 2 EL frischer feingehakter Ingwer
- 125 ml Weinessig
- 2 TL gemahlenes Kurkuma
- 1 TL gemahlener Kardamom
- 60 ml Sesamöl
- 5 große Knoblauchzehen
- 1 Bund frische Minze
- 3 TL Salz
- ½ TL gemahlene Gewürznelken
- 125 ml Pflanzenöl
- 1 Bund Koriandergrün (bzw. Petersilie)

1 TL der über Nacht eingeweichten Bockshornkleesamen zusammen mit dem Knoblauch, Ingwer, Minze, Koriandergrün und Essig im Mixer pürieren. Danach das Salz und die gemahlenen Gewürze untermischen. Die beiden Öle in einer Pfanne sehr heiß werden lassen, die Gewürzmischung einrühren und darin zum Kochen bringen. Nun abkühlen lassen und in Fläschchen abfüllen. Das Öl muss die Kräuter bedecken, notfalls noch zusätzlich Öl erhitzen und auffüllen.

Diese Gewürzpaste verleiht Fleisch und Fisch ein besonderes Aroma. Man kann auch Hühnerfleisch vor dem Grillen damit marinieren und wird von diesem Geschmackserlebnis überrascht sein.

Haaröl

- 5 EL Oliven- oder Sesamöl
- 1 EL frisch gemahlener Bockshornklee

Die Zutaten zu einem Brei verrühren und vor dem Waschen auf die Kopfhaut auftragen und einige Zeit (1 - 3 Stunden) einwirken lassen.

Dieses Mittel hilft bei Haarausfall und soll sogar neue Haare sprießen lassen.

Als Variante können Sie auch mehr Öl mit der entsprechenden Menge gemahlener Kleesamen anrühren, 1 Woche ziehen lassen und durch ein Tuch abseihen. So erhalten Sie ein angereichertes Öl, dass sich beim Haarewaschen leicht wieder entfernen läßt (keine Krümel im Haar).

Aufpäppelkur

- 1 TL Butter
- 2 TL Bockshornkleepulver
- 1 TL Honig

Aus den Zutaten einen Brei herstellen und dreimal täglich vor den Hauptmahlzeiten einnehmen.

Diese Pfundskur ist allen zu empfehlen, die nach einer Krankheit wieder etwas mehr auf die Waage bekommen möchten.

Klassischer Tee

1 TL Bockshornklee mit ¼ l kochendem Wasser überbrühen und 10 Minuten ziehen lassen.

Kalt angesetzter Tee

2 TL Samen in ½ l kaltem Wasser ansetzen, einige Stunden ziehen lassen, kurz aufkochen und sogleich abseihen. Dieser Tee kann auch mit Honig gesüßt getrunken werden, wobei darauf zu achten ist, dass der Honig erst in den nicht mehr brühheißen Tee eingerührt wird, denn sonst werden seine kostbaren Inhaltsstoffe großteils zerstört.

Fußbad

- 3 Handvoll gemahlene Samen
- 3 L Wasser

Das Pulver eine gute Viertelstunde lang kochen lassen und den Sud verwenden.

Bockshornbrei

- 50 ml Wasser
- 50 g gemahlene Bockshornkleesamen

Man vermengt die zwei Zutaten und lässt sie so lange köcheln, bis ein zäher Brei entsteht. Den ein wenig abgekühlten Brei streicht man auf ein Tuch und dieses legt man auf die von Schwielen oder Furunkeln geplagte Stelle. Genauso verfährt man auch bei Nagelbett- oder Schleimbeutelentzündungen.

Bohnenkraut
Satureja hortensis

Fleischkräutel, Gartenquendel, Pfefferkraut, Saturei, Winterbergminze, Wurstkraut

Steckbrief

Aus den Gegenden des Schwarzen Meere kam diese Gewürzpflanze zu uns und soll ursprünglich ein Kraut aus dem Zaubergarten der kolchischen Medea gewesen sein. Das Bohnenkraut gilt im Volksglauben als eine „Pflanze des Glücks". Den Mönchen war früher der Anbau und Genus dieser Glückspflanze verboten, da sie den unterdrückten Sexualtrieb erweckte und reizte.

Es gibt zwei Arten von Bohnenkraut: den Sommersaturei (einjährig) und den Wintersaturei (ausdauernde Staude). Meist wird das Kraut bis zu 30 cm hoch. Die Pflanze ist strauchartig stark verzweigt und trägt von Juli bis zum ersten Frost lila bis rosa Blüten. Im Mai an einer sonnigen und humusreichen Stelle locker aussäen oder für das Fenster im Topf ziehen. Im Gemüsegarten sollte man es neben Bohnen setzen, da es die Läuse von ihnen fernhält.

Man pflückt vor der Blütezeit die ganze Pflanze unmittelbar über der Wurzel ab und lässt sie in kleinen Sträußen an einem Faden aufgehängt im Schatten trocknen.

Verwendete Pflanzenteile

- Blätter

Wirkung

- Es ist ein antiseptisches, adstringierendes und wärmendes Kraut mit einem hohem Carvacrolgehalt.
- Das Bohnenkraut fördert die Verdauung, verhindert Blähungen und wirkt gegen Durchfall (sowohl gegen akuten, als auch chronischen).
- Weiters ist es reinigend, heilt Wurmbefall und ist harntreibend. Daher wird Bohnenkraut bei Gicht, Rheumatismus und Harnsteine oder bei Vergiftungen durch Parasiten (Bandwürmer, Spulwürmer) empfohlen.
- Noch dazu löst es Magenkrämpfe, beruhigt Asthmaanfälle, heilt Mund- und Halserkrankungen und ist auch gut für die Lunge, die es von Schleim befreit.
- Der Bohnenkrauttee senkt das starke Durstgefühl bei Diabetikern. Der Kranke soll anfangs 3 - 4 Tassen Tee in kleinen Schlucken pro Tag trinken und sobald das Durstgefühl zurückgeht, den Tee absetzen. Auch eine anregende Wirkung auf die Bauchspeicheldrüse wird ihm nachgesagt.

- Außerdem ist es ein berühmt-berüchtigtes Aphrodisiakum.
- Es stärkt nicht nur das Nervenkostüm sondern auch die Gebärmutter. Deswegen findet das Bohnenkraut auch bei Menstruationsbeschwerden Verwendung.

! Aufgepasst

Es sollte an Schwangere nicht als Heilmittel verabreicht werden!

Küchen- und Heilrezepte

Das scharfe pfefferartige Aroma passt gut zu Bohnen und fördert auch noch ihre Verdauung. Bohnenkraut hilft selbst die schwersten Gerichte gut zu verdauen - Wild, Ragouts, fettes Fleisch, stärkehaltige Nahrungsmittel. Gemüse und Suppen lassen sich sehr gut mit ihm verfeinern und werden dabei richtig 'gschmackig'.

Für Menschen mit empfindlichen Mägen stellt es eine wunderbare Alternative zu Pfeffer dar.

Gewürzmischung

- 2 Teile Bohnenkraut
- 2 Teile Salbei
- 2 Teile Thymian
- 1 Teil Wacholderbeeren

Diese Mischung ist ideal für die Zubereitung von Schaf-, Kaninchen- oder Hasenbraten, aber auch für Kräutertopfen oder -butter geeignet.

Teemischung gegen Impotenz

- 3 Teile Bohnenkraut
- 1 Teil Rosmarin
- 1 Teil Minze
- 1 Teil Eisenkraut

Trinken sie 40 Tage lang morgens und abends eine Tasse dieser Teemischung (3 Prisen Mischung pro Tasse). Danach nehmen sie drei Tage lang reinen Bohnenkrautaufguss (2 Prisen pro Tasse) zu sich.

Borretsch
Borago officinalis

Blauhimmelstern, Gurkenkraut, Herzfreide, Liebäuglein, Wohlgemut

„Der Borretsch kann sagen, und das ist die Wahrheit:
ich mache leichte Herzen, bringe Fröhlichkeit.“
(Verse der Schule von Salerno)

Steckbrief

Der Borretsch stammt wahrscheinlich aus Nordafrika und hat sich von dort teils durch natürliche Verbreitung in ganz Europa und Amerika niedergelassen. Die Pflanze strotzt nur so vor Haaren und bekam daher den Namen Borretsch, der sich vom lateinischen Wort ›burra‹ „grober Stoff“ ableitet oder vom lateinischen Wort ›borra‹ „steifes Haar“. Sie haben die Wahl welcher sprachlichen Wurzel sie den Vorzug geben.

Die Samen enthalten eine hohe Konzentration an Gamma-Linolsäure, diese Substanz wirkt bei vielen Beschwerden und ist der wichtigste Bestandteil des Nachtkerzenöls (dieses hat hervorragende Heilkräfte).

Diese einjährige Pflanze mit saftigen, behaarten Stängeln und ebenfalls behaarten Blättern fällt besonders durch ihre blau leuchtenden Blüten auf. Die Blüten sehen aus wie azurfarbene fünfstrahlige Sterne aus deren Mitte einem das Gelb der Staubfäden entgegen leuchtet. Der Borretsch lässt sich leicht im Garten ziehen. Ab April einfach an einem sonnigen Platz in normale, feuchte Erde aussäen. Circa 40 cm Abstand zwischen den Pflanzen lassen.

Sie werden sehen, er wird von Bienen umschwärmt werden und Ameisen übernehmen seine Aussaat für das nächste Jahr. Um an die Samen zu kommen müssen sie schneller als die eifrigen Ameisen sein. Denn diese werden von dem Borretsch mit einem nahrhaften Anhängsel am Samen dafür belohnt, dass sie seine Samen unter die Erde tragen.

Er kann auch in einem großen Topf an einem sonnigen Fenster oder am Balkon gezogen werden.

Ständig kann man die frischen, jungen Blätter ernten und mit den Blüten Speisen garnieren. Leider eignet er sich nicht zum Trocknen.

Verwendete Pflanzenteile

- Blätter
- Blüten

Wirkung

- Die Wirkung des Borretsch ist herzstärkend, stimmungsanregend („Ich, der Borretsch bringe Mut und Zuversicht", Plinius d. Ä.) und beruhigend. Deswegen wird er bei Herzschwäche und nervösem Herzklopfen eingesetzt. In seinem Samen findet sich viel Gamma-Linolsäure. Dieses Öl reguliert das Hormonsystem und senkt den Blutdruck.
- Mit seinen hohen Anteilen an Schleimstoffen beruhigt er auch geschädigtes oder gereiztes Gewebe.
- Er ist schweißtreibend, fiebersenkend, erfrischend sowie belebend und daher ein gutes Mittel gegen Erkältung, Grippe und Husten.
- Das Kraut verschafft den von Bronchitis, Katarrh, Infektionen der inneren Membrane (Brustfell, Bauchfell), Blutanhäufung in den Organen oder Rheumatismus befallenen Kranken wirklich ein köstliches Gefühl der Erleichterung.
- Borretschtee soll auch die verhärtete Leber sehr günstig beeinflussen.

! Aufgepasst

Die Pflanze, aber nicht die Samen, enthalten das Pyrrolizidin-Alkaloid in geringen Mengen. Das Alkaloid führte zum Verbot des Verkaufs der homöopathischen Präparaten D1-3 von *Symphytum officinale* (Beinwell), da es in tausendfacher therapeutischen Dosis bei Ratten krebserregend war.

Da die Konzentration diese Alkaloids in der Borretschpflanze sehr gering ist, ist ein gelegentlicher Verzehr unbedenklich.

Küchen- und Heilrezepte

Aufgrund seines gurkenähnlichen Geschmacks wird er zum Einmachen eben dieser und in Salaten verwendet. Die Blätter eignen sich gut zum Frittieren und als Zugabe in Suppen. Auch verfeinert er Kräutertopfen und andere Kräuteraufstriche.

Die Blüten machen sich gut in erfrischenden Bowlen und Salaten, die das Gemüt erheitern.

Sommerbowle

- 6 frische Waldmeisterstengel
- 275 ml Orangensaft
- 200 ml Ginger-Ale, gut gekühlt
- 20 Borretschblüten
- 1 Fl. guter trockener Weißwein
- 125 g Erdbeeren oder Himbeeren
- 90 ml Weinbrand

Den Waldmeister eine Stunde leicht anwelken lassen, damit sich sein Vanillearoma richtig entfaltet. In eine Schüssel geben mit Wein und Saft übergießen. Eine Stunde ziehen lassen. Das gewaschene Obst in einen Bowlenkrug geben, die Weinmischung durch ein Sieb darüber gießen, mit Folie abdecken 30 Minuten kalt stellen, dann das Ginger-Ale und den Weinbrand dazu gießen und die Borretschblüten darauf streuen. Rasch servieren.

Breiumschläge

- Brandwunden behandelt man mit einem Brei aus frischen Blättern.
- Auf die besonders empfindlichen Gelenke von Gichtkranken legt man einen mit sehr konzentriertem Sud aus Blüten und Blättern getränkten leichten Umschlag (2 Handvoll Pflanzen pro Liter Wasser).

Blutreinigungstee

- 1 Handvoll Löwenzahnkraut
- 1 Handvoll Oderminger
- 1 Handvoll Quecke
- 2 Handvoll Borretschblüten und -blätter

1 EL Teemischung reicht für 3 Tassen Wasser. Dieser Tee führt zu Erleichterung bei Verstopfung und Verschleimung.

Chillies
Capsicum frutescens

Teufelpfeffer, Cayennepfeffer

Steckbrief

Zum ersten Mal wurde dieses scharfe Pflänzchen aus dem tropischen Amerika von Dr. Chauca, einem Reisegefährten von Christoph Kolumbus, 1493 beschrieben. Später sorgten die Portugiesen dafür, dass er auch nach Indien und Afrika gelangte und dort kultiviert wurde.

Der Name *Capsicum* leitet sich wahrscheinlich von dem griechischen Wort '*kaptein*' (gierig essen) ab.

Die Franzosen sind verantwortlich für den frommen Wunsch: „Geh dorthin, wo der Pfeffer wächst!". Denn Frankreich deportierte Verbrecher in seine Strafkolonie Französisch-Guyana. Damit die Sträflingsfrachter nicht wieder leer über den Atlantik zurück fahren mussten, wurden sie Gewinn bringender Weise am Hafenort Cayenne mit Chillies (Cayennepfeffer) beladen und mit dieser Fracht nach Europa geschickt. Daher hatte der Ort an dem der Pfeffer wächst für viele Europäer einen bitteren Nachgeschmack.

Das ausdauerde, buschige Gewächs kommt in vielen Unterarten vor und ist sowohl mit der Kartoffel, der Tomate als auch dem Stechapfel verwandt. Der Strauch kann über einem Meter hoch werden und trägt weiße bis gelbliche Blüten. Die Früchte (Länge: 1,5 - 3 cm) werden nach der Ernte im Sommer getrocknet und danach zu Pulver (Cayennepfeffer) zerrieben.

In europäischen Treibhäusern ist die Chilliepflanze nur einjährig und überdauert den Winter nicht.

Verwendete Pflanzenteile

- Schote

Wirkung

- Bei Muskelschmerzen, Arthritis, Neuralgie, Hexenschuss und Frostbeulen (keine offenen) können Chillies mit Erfolg angewendet werden, da sie ein starkes lokales Reizmittel sind (die Scharfstoffe regen die Nervenenden an) und bei Hautkontakt ein Gefühl des Brennens und der Wärme hervorrufen.
- Außerdem haben die Scharfstoffe der Chillies eine innerlich anregende Wirkung auf den Darm, die Harnblase und den Magen.
- Sie sind innerlich eingenommen auch noch herz- und kreislaufanregend.

⦿ Da sie weiters noch schweißtreibend und antibakteriell sind, sowie die Abwehrkräfte stärken, helfen sie bei Schüttelfrost und beginnender Erkältung.

! Aufgepasst

Chilliehältige Präparate sollen nie über einem längeren Zeitraum benutzt werden, denn es könnte zu einer Magenentzündung, Leberentzündung, Nierenschäden oder Hautentzündung kommen!

Küchen- und Heilrezepte

Chillies sind das wichtigste indianische Gewürz mit einem enormen Schärfepotential. Sie werden von den südamerikanischen Indianern in der Küche, Medizin und in religiösen Kulten verwendet.

Die Chillieschoten verleihen eingelegten Gurken, Heringen und Mixed Pickels einen pikanten Geschmack. Der Cayennepfeffer wird zu Fleisch, Fisch, Suppen, Soßen und Muscheln verwendet. Kocht man gehackte Schoten in Essig- oder Salzwasser, so bekommt man die legendär scharfe Tabasco-Soße.

Die ätherischen Öle der Chillies können Hautjucken und Augenbrennen verursachen, daher immer mit Plastikhandschuhen arbeiten und, während man mit Chillies umgeht, weder Gesicht noch Augen berühren. Außerdem sollten Chillies nur in kaltem Wasser gespült werden.

Da das südamerikanische Gericht Chillie con Carne einen sehr hohen Bekanntheitsgrad erreicht hat, folgen hier einige asiatische Gerichte.

Würzig gedämpfte Muscheln

- 1 kg Muscheln
- 3 EL Öl
- 2 große Zwiebeln, fein gehackt
- 4 Knoblauchzehen, fein gehackt
- 3 TL frischer Ingwer, fein gehackt
- ½ TL Kurkuma, gemahlen
- 3 TL Koriander, gemahlen
- 1 Prise Cayennepfeffer
- ½ TL Salz
- 250 ml Wasser
- Zitronensaft nach Geschmack
- 1 EL gehacktes frische Koriandergrün
- 3 frische rote Chillies, entkernt und fein gehackt

Muscheln gut bürsten und die Bärte abschneiden. Öl in einer großen, tiefen Kasserolle heiß werden lassen und Zwiebeln, Knoblauch und Ingwer bei mittlerer Hitze anbraten, bis die Zwiebeln glasig sind. Die restlichen Gewürze bis auf das Koriandergrün dazugeben und drei Minuten mitbraten. Wasser und Salz hinzufügen, zum Kochen bringen und zugedeckt 5 Minuten simmern. Die Muscheln einlegen und etwa 10 - 15 Minuten dämpfen, bis die Schalen sich geöffnet haben. Vom Feuer nehmen, das Koriandergrün darüber streuen und mit Salz, Zitronensaft und Cayennepfeffer abschmecken. Die Soße über den Muscheln verteilen und sofort mit Reis servieren.

Keine Muscheln verwenden die im rohen Zustand nicht fest geschlossen sind und jede Muschel wegwerfen, die sich beim Kochen nicht öffnet!

Bohnensprossen-Sambol

- 125 g frische Bohnensprossen
- 1 kleine fein geschnittene Zwiebel
- 1 TL Salz
- 1 EL Zitronensaft
- 2 frische, entkernte, geschnittene, grüne Chillies
- 3 EL frische geriebene Kokosnuss oder Kokosflocken

Die Bohnensprossen gründlich waschen, dabei möglichst viele grünen Häutchen entfernen. Gut abtropfen lassen. Alle Zutaten gleichmäßig vermischen. Als Beilage zu Reis und Currys servieren.

Sambalan: scharfe Gewürzpaste

- 15 - 20 große getrocknete Chillies
- 3 große, grob gehackte Zwiebeln
- 8 Knoblauchzehen
- 2 TL getrocknete Shrimp-Paste (trasi)
- 125 ml Erdnussöl, wenn nötig mehr
- 250 ml Tamarindensaft
- 3 TL Salz
- 2 EL Ahornsirup oder Zucker

Die Chillies 20 Minuten in heißem Wasser einweichen, im Elektromixer Chillies Zwiebeln, Knoblauch und Shrimp-Paste mit genügend Öl pürieren. Das restliche Öl in einem Topf erhitzen und die Paste aus dem Mixer darin bei mittlerer Hitze unter ständigem Rühren braten, bis sie gar und braun ist und sich das Öl am Rand abscheidet. Den Mixbecher mit Tamarindensaft ausspülen, diesen zusammen mit Salz und Zucker in den Topf gießen und noch einige Minuten unter Rühren simmern. Völlig erkalten lassen und in Gläser füllen.

Mit dieser Würze kann man gebratenen Kartoffeln, Tofu, Reis, knusprigen Fleischstückchen und vielem mehr ein feuriges Aroma verleihen. Man rechnet 1 TL Sambalan auf 250 g Hauptzutat.

Harissa

- 100 g getrocknete rote Chilis
- 6 zerdrückte Knoblauchzehen
- 3 - 4 EL Salz
- 3 - 4 EL gemahlener Koriander
- 3 - 4 EL gemahlener Kreuzkümmel
- 170 ml Olivenöl

Die der Länge nach halbierten und entkernten Chilischoten 5 Minuten lang mit kochendem Wasser bedecken. Danach die abgetropften Chilischoten im Mixer mit den anderen Zutaten vermengen. Im Kühlschrank kann man das fertige Harissa bis zu 2 Wochen aufbewahren.

Diese äußerst würzige Sauce wird traditionell zu Couscous serviert, verhilft aber auch allen anderen Gerichten zu einem feurigen Geschmack.

Feuriger Wodka

- 1 frische Chillieschote
- 1 l starker Wodka

Die Schote zwei Wochen lang im Wodka einlegen und dann entfernen.

Täglich ein Gläschen (Stamperl) von diesem „scharfen" Trunk soll nicht nur gesund sein, sondern auch das Feuer der Liebe entfachen.

Dill
Anethum graveolens

Gurkenkräutel, Hochkraut, Kümmerlingskraut

Steckbrief

Er stammt ursprünglich aus dem südwestlichen Asien, ist aber schon lange in Europa verbreitet. Seit biblischen Zeiten ist er im Nahen Osten ein bedeutsames Heilkraut. Denn laut Talmud musste auf den Dill der Zehnt abgeführt werden. Das Kraut war also so wichtig, dass es „steuerpflichtig" war.

Aber auch in der heutigen Zeit ist das Dillkraut bedeutsam, denn sein Name leitet sich von dem Altnordischen ›dilla‹ (= beruhigen, beschwichtigen) ab. Daher wurde und wird es dazu verwendet Verdauungsbeschwerden und das Gemüt von Kleinkindern zu beruhigen.

Der Dill ist eine robuste, einjährige Pflanze, die 0,3 - 1,2 m hoch wird. Die Blätter sind sehr fein gefiedert und ab Juli schmückt sich der Stängel mit großen Dolden, die kleine gelbe Blüten tragen. Zerreibt man die Blätter in der Hand, so verbreitet sich ein Hauch von Petersilie gemischt mit Kümmel in der Luft.

Ab Ende März wird er in sonniger Lage und in sandiger, leicht sauren oder neutralen Erde ausgesät. Will man immer frischen Dill haben, muss man jeden weiteren Monat Dill nachsähen aber lassen sie den Pflanzen Raum, da sie ansonsten nicht gut wachsen.

Es gibt auch eine amerikanische Zwergsorte, die sich für alle Balkon- oder Fensterbrettbesitzer eignet: *Anethum graveolens* „Fernleaf".

Dill verträgt sich auch nicht mit Karotten, aber dafür mit Kohl um so besser.

Verwendete Pflanzenteile

- Blätter
- Samen

Wirkung

- Der Tee der Samen wirkt appetitanregend und blähungswidrig, löst Krämpfe in den Verdauungsorganen und regt die Magensaftsekretion an. Außerdem verschafft er Milderung bei Erbrechen und Schluckauf.
- Ein solcher Tee (Dillsamen) ist auch ideal für Babys, die Verdauungsbeschwerden haben, einerseits beruhigt er den Verdauungstrakt, andererseits das Gemüt des Kindes. Denn Dilltee wirkt beruhigend bei Nervosität.
- Ein kräftiger Tee fördert auch die Milchbildung bei stillenden Frauen und ein Sitzbad im Tee lindert rasch Gebärmutterschmerzen, Magen- und Darmkoliken.

- Auch als Grippemittel kann er erfolgreich eingesetzt werden. Noch dazu hat er eine leichte harntreibende Wirkung.
- Das Kauen der Früchte verschafft Abhilfe bei schlechtem Atem.

Küchen- und Heilrezepte

Die Blätter schmecken frischwürzig, die Samen eher kümmelartig. Dill sollte wegen seines eigenen Geschmackes nicht mit anderen Gewürzen vermischt werden. Auch ist es besser ihn nicht mitzukochen sondern ihn den Speisen erst kurz vor dem Servieren zuzufügen.

Seine Samen bereichern den Gewürzessig im Gurkenglas. Das Grün harmoniert sehr gut zu Kopf-, Gurken-, Tomaten- und Kartoffelsalat. Fisch und Sahnesaucen verleiht er ein feines Aroma. Dillsauce mit Semmelknödel ist ein Klassiker der österreichischen Küche.

Dillsauce

- 3 EL frisch gehackter Dill
- 1 EL Mehl
- 1 TL Senf
- 1 Msp. Salz

5 25 g Butter

- 150 ml Sahne
- 300 ml Gemüsebrühe
- 1 Msp. schwarzer Pfeffer

Das Mehl kurz in der Butter goldgelb rösten mit Sahne und Gemüsebrühe ablöschen und unter ständigem Rühren 5 Minuten köcheln lassen. Jetzt Dill, Senf, Salz und Pfeffer dazugeben und servieren.

Diese Sauce kann statt zu Semmelknödeln auch zu Fisch oder Gemüse gereicht werden.

Schlafei

Ein weich gekochtes Ei mit Dillspitzen und etwas Salz würzen. Dieses kleine Gericht erleichtert das Einschlafen am Abend.

Mischtee gegen Magenschwäche

- 1 Teil Angelikawurz
- 2 Teile Pimpernellewurzel
- 2 Teile Scharfgabe
- 1 Teil Dill
- 2 Teile Kalmus
- 2 Teile Wermut

1 EL der Teemischung in ¼ l Wasser kalt ansetzen, kurz aufkochen und abseihen. Den Tee tagsüber und insgesamt 1 - 2 Tassen trinken.

Beruhigungstee

- 2 Teile Dillsamen
- 1 Teil Kamillenblüten
- 2 Teile Anissamen
- 1 Teil Hopfen

1 TL der Mischung wird mit einer Tasse Wasser überbrüht und vor dem Schlafengehen getrunken.

Milchbildungstee

- 1 Teil Anissamen
- 1 Teil Dillsamen
- 1 Teil Majorankraut

1 TL der Mischung wird mit einer Tasse kochendem Wasser übergossen. 2 - 3 Tassen pro Tag trinken.

Wein gegen Rückenschmerzen

- 6 g Dillsamenpulver
- ⅛ l Wein

Das Dillsamenpulver in Wein verrührt einnehmen befreit von Rückenschmerzen, die durch spontane Verrenkung entstanden sind. Ein Rezept der traditionellen chinesischen Medizin.

Wenn Frauen einen „Bruch“ (Hernie) haben

- 40 g Dillsamen
- ⅛ l Wein

Die Dillsamen rösten bis sie braun sind, mahlen und das so entstandene Pulver mit dem Wein vermengt einnehmen. Ein Rezept der traditionellen chinesischen Medizin.

Elixier bei Grippe, Erkältung, Husten und Schnupfen

- ¼ l Adornsaft
- 1 EL Dill
- 1 EL Fenchel
- 1 l Wein

Den Adornsaft mit den restlichen Zutaten vermischen, in den kochenden Wein einrühren und noch einige Minuten das Ganze leise köcheln. Das Präparat abseihen und bei Bedarf 3 x tgl. ein Likörglas voll warmen Elixier trinken.

Estragon
Artemisia dracunculus

Drago, Eierkraut, Kaiserkraut, Schlangenkraut, Trabenkraut

Steckbrief

Seine Heimat liegt in Süd- und Mittelasien. Sein Name geht auf das griechische Wort 'drákoon' (Drache) zurück. Im Mittelalter glaubte man tatsächlich, dass Estragon vor Drachen schütze und wirklich nie begegnete jemand der Estragon bei sich trug einem dieser gefürchteten Untiere.

Es gibt den Russischen oder Sibirischen Estragon, der robuster und widerstandsfähiger ist, und den Französischen oder Deutschen Estragon, der empfindlicher aber würziger ist. Estragon wird vor allem in Frankreich gezüchtet, da die Franzosen Weltmeister in Etragonkonsum sind.

Der Estragon wird 0,6 – 1,2 Meter hoch, an den verzweigten Stängeln sitzen schmale, längliche Blätter und von Mai bis Juli trägt er unscheinbare grünliche Blüten.

Er braucht einen sehr sonnigen Platz, viel Wasser (verträgt aber keine Staunässe) und durchlässigen Boden. Vermehrt wird er meist durch Teilung alter Stöcke oder Wurzelausläufer.

An einem warmen, hellen Platz kann man die Jungpflanzen ein Jahr lang im Topf halten.

Verwendete Pflanzenteile

- Frische oder getrocknete Blätter

Wirkung

- Der Estragon ist ein bitteres wärmendes aromatisches Kraut, das hauptsächlich appetitanregend und magenfreundlich wirkt. Er hat die Fähigkeit selbst den Geschwächtesten, den Genesenden, Neurotikern, Geängstigten und Neurasthenikern die Lust am Essen wiederzugeben. Noch dazu bekämpft er schlechte Verdauung, Blähungen, Magenübersäuerung, Schluckauf und Darmgärung.
- Überdies erweist er sich als harntreibend, was bei Fällen von Gicht, Rheumatismus, Urinverhalten, Nieren- und Harnblasenträgheit nützlich ist.
- Weiters hilft er bei Stoffwechselerkrankungen und fördert die Menstruation (regt die Gebärmutter an).
- Außerdem beruhigt er Schmerzen, namentlich starke Zahnschmerzen und wirkt fiebersenkend.

! Aufgepasst

Nicht als Heilmittel während der Schwangerschaft verwenden!

Küchen- und Heilrezepte

Er erfreut sich größter Beliebtheit in der französischen Küche, aromatisiert feinen Essig und Senf, schmeckt auch gut in Weißweinsauce und passt hervorragend zu Hühner-, Kalbfleisch und Eiergerichten. Aber auch Salate, Suppen, Gemüse und alle Gerichte, die mit Pfeffer oder Paprika gewürzt sind, lassen sich durch ihn vorteilhaft bereichern.

Sein Aroma lässt sich mit angenehm frisch würzig und bitter-süß umschreiben.

Estragonsauce auf sizilianische Art

- 40 - 50 g Olivenöl
- 30 - 40 g Mehl
- ½ l Bouillon
- 1 Prise Salz
- 1 gehackte Zwiebel
- 3 Tomaten und/bzw. Gemüse
- 2 EL gehackte Estragonblätter
- Saft einer Orange
- 150 g Püree von gebratener Hühnerleber

Zuerst die Zwiebel im Öl glasig werden lassen, das Mehl zugeben und leicht bräunen, dann mit der Bouillon aufgießen und glatt rühren. Nun die kleingeschnittenen Tomaten (und/bzw. das Gemüse) beifügen und simmern bis sie gar sind. Die Sauce pürieren und wieder am Herd den Estragon, Fruchtsaft und die Hühnerleber unterrühren.

Teigwaren, Reis und Polenta (Maissterz) werden mit dieser Sauce eine wohlschmeckende Mahlzeit.

Estragonsenf

- 50 g schwarze Senfkörner
- 2 TL frischer gehackter Estragon
- 50 ml Estragon- oder Weinessig
- 3 TL Mehl
- ½ TL Salz
- 1 ½ TL Honig

Die Senfkörner mahlen. Etwas kaltes Wasser dazugeben und 10 Minuten quellen lassen. In dieser Zeit sollte sich das Aroma voll entwickeln. Anschließend die restlichen Zutaten sorgfältig unterrühren.

Estragon-Essig

- 10 frische Estragonzweige (in Stücke geschnitten)
- 1 l guter Weinessig

In eine Glasflasche den Estragon füllen, mit Essig übergießen, 2 Wochen lang in der Sonne oder an einem warmen Ort stehen lassen und dann den Essig in kleinere Flaschen filtrieren. Die Flaschen gut verkorken, dunkel lagern und bei Bedarf den Essig mit Wasser verdünnen.

Kräuteressig

- 50 g Estragonkraut
- 8 g Hollerblüten
- 6 g klein gewürfelte Zwiebel
- 4 g Lorbeerblätter
- 1 g Krauseminze
- 1 g zerquetschter Knoblauch
- 25 g Kerbelkraut
- 8 g Salz
- 4 g Thymian
- 3 g Pfeffer
- 1 g Zimt

Die zerkleinerten frischen Kräuter werden mit 2 l bestem Essig übergossen und 14 Tage lang an einem warmen Ort ziehen gelassen. Man muss täglich einmal umrühren oder aufschütteln, damit die Kräuter gleichmäßig ausgelaugt werden.

Danach filtriert man den Essig und wartet bis sich ein Bodensatz bildet, dann gießt man den duftenden Essig sorgfältig in eine schöne Glasflasche, so dass der Bodensatz im vorhergehenden Gefäß verbleibt.

Breiumschläge

Besonders gegen Zahnschmerzen und Rheumatismus frisch zerquetschten Estragon auf die schmerzende Stelle legen.

Hand- und Fußbäder

Einfach einen kleinen Strauß des Krautes in ein Gefäß mit Wasser geben.

Estragontee

3 oder 4 frische Estragonzweige in einen Liter Wasser geben und davon 2 bis 3 Tassen täglich besonders nach den Hauptmahlzeiten trinken.

Fenchel
Foeniculum vulgare

Brotsamen, Fenkel

„Wie immer der Fenchel gegessen wird,
macht er den Menschen fröhlich und vermittelt ihm angenehme Wärme
und guten Schweiß, und er verursacht gute Verdauung."
Hildegard von Bingen

Steckbrief

Auf der ägäischen Insel Samos verdankt ein Ort dem üppig wachsenden, angenehm duftenden Fenchel seinen Namen „Marathokampos" (Fenchelebene). Dies ist nur ein Hinweis auf seine Wertschätzung im altem Griechenland. Er war das erste natürliche 'Dopingmittel', denn die antiken Athleten verzehrten Fenchel in üppigen Mengen, da er als sehr gesund und stärkend galt. Und weil er so manchen Marathonläufer zum Sieg verhalf, tauften die Griechen ihn „marathon". Aber die Griechen machten noch mehr aus dem Wundermittel Fenchel. Sie bereiteten aus Blättern, Stängeln und Samen ein Augenwasser, das besondere Sehschärfe verleihen und sogar gegen Schlangenbisse wirken sollte.

Der Fenchel kann sowohl einjährig als auch mehrjährig sein. Sein Stamm schwingt sich zu einer Höhe von 1 – 2 m empor.

Neben dem sogenannten Körnerfenchel gibt es auch den Gemüsefenchel. Der Körnerfenchel hat glatte, bläulich gestreifte Stängel mit fiedrigen, bläulich-grünen Blättern.

Den Fenchel sät man in weitem Abstand aus oder pflanzt die Setzlinge im Abstand von ca. 40 cm ein. Da er ein Dunkelkeimer ist, muss man die Samen ganz mit Erde bedecken. Sein liebster Ort ist sonnig und hat einen durchlässigen, humusreichen Boden.

Geerntet werden die Blätter, die sich auch zum Trocknen eignen, und die reifen Samen (Sammelzeit Juli - September), die ebenfalls getrocknet werden können.

Verwendete Pflanzenteile

- Samen
- Wurzel
- Blätter
- Fenchelknolle

Wirkung

- In kleinen Gaben bewirkt er eine Steigerung der Ausscheidung der Schleimhäute des Magens und des Darmes. Auch die Ausscheidung der Bronchien wird gesteigert. Daraus resultieren die zwei folgenden Heilanwendungen.
  1) Der Fenchel ist ein sehr gutes Mittel bei Verdauungsstörungen, -schwächen und Blähungen.
  2) Auch bei Husten kann er sein Können voll entfalten. Fenchelöl dem Gurgelwasser zugesetzt bringt Halskatarrhe, Halsschmerzen und Heiserkeit zur Abheilung. Das Kauen roher Samen beugt gegen Grippe vor.
- Das Fenchelöl wirkt muskelentspannend, bakterizid (tötet Bakterien) und insektizid (tötet Insekten). Äußerlich verwendet, erleichtert es rheumatische Erkrankungen.
- Der Tee der Wurzeln wirkt krampfstillend, gärungswidrig und harntreibend. Daher kann er bei Rheuma, Gallenblasen-, Nieren- und Blasenleiden eingesetzt werden. Auch bei durch Nierenleiden bedingtem Hexenschuss findet er Anwendung.
- Außerdem ist der Fenchel ein bekanntes Mittel zur Anregung der Muttermilchbildung.
  Als erstes Getränk eines Neugeborenen hat sich ein schwacher Fencheltee sehr gut bewährt, da die Anfangsschwierigkeiten der Magen- und Verdauungsfunktionen der Säuglinge ausbleiben.
- Das Auflegen weichgekochter, lauwarmer Wurzeln hilft bei geschwollenen und entzündeten Brüsten.
- Bei Ekzemen, Hautproblemen und Neurodermitis lindert und heilt er ebenfalls das Leiden.
  Überdies ist er als Augenbad hilfreich bei müden und gereizten Augen.
- Der Tee wird wegen seiner harntreibenden Wirkung auch zur Behandlung von Harngrieß und Beschwerden mit dem Wasserlassen eingesetzt.
- Herzschmerzen können unterstützend damit behandelt werden.

Küchen- und Heilrezepte

Ein wohlriechendes und süßlich schmeckendes Gewürz ist der Samen. Die beste Qualität des Samens hat die grünste Farbe. Also hüten sie sich beim Einkaufen vor alten, braunen, ausgerauchten Fenchelsamen.

Er kann sowohl zur Zubereitung von salzigen (Eingelegtes) wie auch süßen Speisen verwendet werden. Die berühmte italienische Salami Finocchiona ('Finocchio' = Fenchel) erlangt erst durch die Fenchelsamen ihr typisches unverwechselbares Aroma.

Frische und getrocknete Blätter passen sehr gut zu Salaten und werden in Füllungen verwendet. Kleingehackte Blätter bereichern Fisch, Meeresfrüchte, Kalbfleisch, Geflügel und Kartoffel.

Die Knolle wird als Gemüse entweder roh oder gekocht zubereitet.

Fenchelsuppe

- 2 kleingehackte Fenchelknollen
- 3 EL Mehl
- 1 Eidotter
- ¾ l Wasser
- Meersalz
- 30 g gewürfelte Kartoffel
- ¼ l Milch
- 2 EL Sonnenblumenöl
- ½ Tasse gehackter Kerbel
- Galgant oder Pfeffer

Fenchelwürfel in Öl anrösten, mit Wasser aufgießen, Kartoffel dazugeben und 25 Minuten kochen lassen. Passieren und mit dem in der Milch angerührten Mehl eindikken. Kurz kochen lassen und dann den mit kaltem Wasser verrührten Eidotter darunter mischen. Mit Salz und Galgant abschmecken und kurz vor dem Servieren erst den Kerbel beifügen.

Zu dieser sämigen Suppe sollten geröstete Brotwürfel gereicht werden.

Mischtee gegen Magenkrämpfe

- 1 Teil Fenchel
- 1 Teil Gänsefingerkraut
- 2 Teile Pfefferminze
- 1 Teil Anis
- 2 Teile Kamille
- 2 Teile Scharfgarbe

1 EL der Mischung mit einer Tasse Wasser kalt ansetzten, kurz kochen und abseihen. Den Tee tagsüber schluckweise nach Bedarf trinken.

Fenchelhonig für Kinder (statt Tee)

- 1 - 3 Tropfen Fenchelöl (Apotheke)
- 1 EL Honig

Honig mit Öl vermischen und in 3 - 4 Portionen über den Tag verteilt dem Kind geben.

Fladen zur Behandlung von Hautproblemen

- 2 EL Bohnenmehl
- 1 TL pulverisierte Fenchelsamen
- 6 - 7 EL Wasser
- 1 TL Weizenmehl

Die Zutaten miteinander verkneten und einen Fladen formen. Den Fladen bei niedriger Hitze im vorgeheizten Ofenrohr warm werden lassen und den warmen Fladen auf die betroffene Hautstelle legen.

Diese Behandlung am besten 3 mal tgl. oder zumindest 1 mal tgl. 10 Tage lang durchführen.

Hustenwein

- 2 EL Fenchelkraut
- 1 l Wein
- 2 EL Königskerzenblüten

Die Kräuter in den kochenden Wein einrühren und 10 Minuten köcheln. Den Wein durch einen Kaffeefilter oder ein feines Tuch (die Haare der Königskerzenblüten würden sonst den Hals reizen) in eine luftdicht verschließbare und mit Alkohol ausgespülte Flasche abfüllen.

Falls Halsschmerzen, Heiserkeit oder Mandelentzündung zu behandeln sind, 3 mal tgl. vor den Mahlzeiten ein Likörglas voll davon trinken.

Herzelixier

- 5 TL Fenchelpulver
- ½ TL Zucker
- ½ l kochendes Wasser
- 1 TL pulverisiertes Süßholz
- 100 g Bienenhonig

Das kochende Wasser über die restlichen Zutaten gießen, alles gut miteinander vermischen und in eine mit Alkohol ausgespülte, saubere, luftdicht verschließbare Flasche füllen.

Das Elixier vor Gebrauch aufschütteln und je 1 EL vor den Hauptmahlzeiten und dem Schlafengehen einnehmen.

Galgant
Alpinia officinarum

„Der Galgant ist ganz warm und hat keine Kälte in sich und ist heilkräftig."
(Hildegard von Bingen)

Steckbrief

Der Galgant ist eine ausdauernde dem Ingwer ähnliche Pflanze und stammt aus Südchina. Dort wird er seit alters her als Gewürz und Heilmittel gebraucht. Aus dem asiatischen Raum wurde der Galgant im 9. Jahrhundert von arabischen Kaufleuten nach Europa gebracht und als beliebter Zusatz zur Erzeugung von anregenden Kräuterlikören genutzt.

In Indien, Thailand und auf Hainan wird der Galgant heutzutage kultiviert. Seine bis zu einem halben Meter langen lanzettförmigen Blätter verbreiten einen Duft nach Ingwer, mit dem er auch nahe verwandt ist. Er schmückt sich das ganze Jahr über mit orchideenartigen, weißen, rot gestreiften Blütenrispen.

Verwendete Pflanzenteile

- Wurzel (botanisch richtig: Rhizom = Wurzelspross)

Wirkung

- Der Galgant ist eine bittere, aromatische und anregende Pflanze, die hauptsächlich auf das Verdauungssystem wirkt. Daher schafft er Abhilfe bei Völlegefühl und Blähungen.
  Außerdem kommt er bei Appetitlosigkeit zur Anwendung.
  Weiters ist Galgant bei einer kochsalzfreien Diät zu empfehlen.
- Er kontrolliert bakterielle Infektionen sowie Pilzinfektionen und wird deswegen bei durch Abwehrschwäche hervorgerufenen Beschwerden verwendet. Aber auch seine Flavonoide stärken das Immunsystem.
- Der Wurzelwein hilft bei Rückenschmerzen und Seitenstechen.
- Das Pulver der Wurzel wird bei Herzschmerzen, -stechen, Kraftlosigkeit, Kreislaufschwäche, Magenschmerzen, Durchblutungsstörungen und rascher Ermüdbarkeit angewendet. Galgant ist **kein** Mittel, das diese Krankheiten heilt, er sorgt aber für eine Linderung der Beschwerden.
- Er ist eine Gewürzpflanze, die konzentrationsfördernd ist. Daher wird er auch bei geistiger Erschöpfung empfohlen.
- Auch für seine aphrodisischen Kräfte ist er berühmt.

Küchen- und Heilrezepte

Das Galgantpulver kann wie Pfeffer verwendet werden, da es einen ähnlich scharf-aromatischen Geschmack hat. Dieses pikante Gewürz eignet sich ganz besonders für Fleischgerichte, aber auch für Kekse und Quitten-Galgant-Konfekt.

Wer in die Asiatische Küche hineingeschnuppert und gekostet hat, wird den Galgant schon zu schätzen gelernt haben. Es lohnt sich ihn frisch in einem Asiatischen Lebensmittelgeschäft zu erwerben und ihn alsbald zu verwenden. Der Geschmack der saftigen Wurzel ist unvergleichbar mit dem der getrockneten und pulverisierten.

Quittenkonfitüre

- 1 kg Quitten
- ¼ l Wasser
- ⅛ l süßlicher Weißwein
- Saft von 1 Zitrone
- ½ kg Rohrzucker
- 20 - 50 g Galgant

Die Quitten mit einem Tuch abreiben, entkernen und klein schneiden. Das Wasser, den Wein und den Zitronensaft gemeinsam mit den Quitten aufkochen und solange kochen bis die Quitten weich sind. Nun die Masse passieren und gemeinsam mit den Zucker aufkochen, Galgant einrühren, noch einmal aufkochen und die fertige Konfitüre in saubere Gläser abfüllen. Die Gläser sofort verschließen und bis zum Abkühlen auf den Kopf stellen.

Galgantsauce

- 40 g Butter
- 40 g Dinkelmehl
- ½ l Milch
- 1 Zwiebel
- 2 TL Galgant
- Salz
- 1 Msp. Bertram
- 1 Msp. Kreuzkümmel
- 1 Schuss Rotwein

Die gehackte Zwiebel in Butter hellgelb dünsten, mit Mehl überstäuben und etwas anschwitzen. Mit Milch aufgießen, aufkochen und dabei rühren. Jetzt die Gewürze zufügen und mit Rotwein abschmecken.

Diese Sauce kann auch zur Abwechslung mit Muskat oder Quendel (gemahlener Feldthymian) als Hauptgewürz zubereitet werden

Gewürzmischung für Weingebäck

- 10 g Zimt
- 5 g Galgant
- 5 g Ingwer
- 5 g Kardamom
- 5 g Nelken
- 2 g Muskatnuss

Nach einem beliebigen Gewürzkeksrezept (z.B.: s. Muskatnuss: Nervenkekse) das fein aromatische Gebäck zubereiten, dabei auf 1 kg Mehl ca. 10 g der Mischung verwenden.

Wurzelwein

- 1 TL geschnittene Galgantwurzel
- ¼ l Wein

Galgantwurzel ca. 10 Minuten in Wein sprudelnd kochen, auf Trinktemperatur abkühlen lassen und noch warm „kleinschluckweise" trinken. Dieser Wein hilft bei Rükkenschmerzen und Hexenschuss.

Liqueur de Cocaign

- 1 TL Galgantwurzel
- 1 TL Ingwerwurzel
- einige Körner Zitwerwurzel
- 1 Muskatnuss und etwas Macis
- 2 Stangen Zimt
- 3 - 4 Stk. Nelken
- 10 Körner Kubeben
- 0,7 l Brandy
- Honig nach Geschmack

Die leicht zerstampften Gewürze mit dem Brandy übergießen und drei Tage lang an einem warmen (20°), dunklen Ort ziehen lassen. Dann den Brandy filtrieren und nach Belieben mit Honig süßen. Der Liqueur kann sehr scharf werden.

Er ist ein Stärkungsmittel für Aktivitäten aller Art. Man sollte aber nur ein Schnapsglas voll täglich trinken.

Statt der Kubeben kann man auch Pfefferkörner verwenden.

Konzentrationstee

- 2 EL Schwarzer Tee
- 1 EL Zitronensaft
- ½ l Wasser
- 2 EL Ahornsirup
- ½ TL frischer Galgant
- 1TL frischer Ingwer
- 3 Gewürznelken
- ½ Zimtstange

Zuerst bereiten sie mit dem schwarzen Tee eine Kanne 2-3 Minuten lang gezogenen Tees. Nun füllen sie einen offenen Teebeutel mit Galgant, Ingwer, Gewürznelken und der zerbröselten Zimtstange, verschließen ihn und hängen ihn in den zuvor gesüßten Tee. Wenn ihnen das Aroma des süßen Stärkungstrankes intensiv genug ist, entfernen sie den Beutel und schenken sich ein Tässchen ein.

Gewürznelken
Syzygium aromaticum

Liebesnägel, Gewürznäglein, Nelke

„In Milch getrunken fördert Sie den Venushandel."
(Georg Meistern)

Steckbrief

Die Gewürznelke wurde schon 266 v. Chr. in China als Heilmittel und Gewürz genutzt. Wer mit dem Kaiser von China sprach hatte normalerweise einige Nelken im Mund, um seinen Atem zu verbessern.

Gegen Ende der Römerzeit fand die Gewürznelke den Weg vom Orient zum Okzident. Gerissene Händler nutzten die Fähigkeit der Gewürznelken Wasser aufzunehmen und trotzdem trocken zu wirken aus. Trockene Ware wurde gekauft und feuchte, schwerere mit sattem Gewinn verkauft.

Der bis zu 2 m hohe Gewürznelkenbaum wird heute in Madagaskar, Tansania, Indonesien und auf den Komoren kultiviert.

Die ledrigen Blätter bedecken seine Zweige, an deren Enden sich kleine Büschel zarter, fast unscheinbarer, rötlicher Blüten befinden. Kurz vor dem Aufblühen (August - November), wenn sie noch grün sind, werden die Blütenknospen gesammelten und getrockneten. So gewinnt man die eigentlichen Gewürznelken.

Verwendete Pflanzenteile

– Blütenknospen

Wirkung

- Sie ist wärmend, würzig und anregend. Der letzten Eigenschaft verdankt sie ihren Spitznamen „Liebesnägel". Sie ist auch Bestandteil einiger Aphrodisiaka.
- Weiters ist sie wurmtreibend, magenbesänftigend und antiseptisch. Die Gewürznelke soll sogar heilenden Einfluss auf Magengeschwüre haben. Auf jeden Fall vertreibt sie Blähungen und ist für eine kochsalzfreie Diät sehr zu empfehlen.
- Außerdem hilft sie bei Kopfschmerzen, Kopfbrummen, Bluthochdruck sowie beginnender Bauchwassersucht (Aszites) und wirkt unterstützend bei Knalltrauma.
- Nelkenessenz wird gegen Zahnschmerzen verwendet. Aber bitte seien Sie vorsichtig damit, denn das Nelkenöl kann einen Zahnnerv zum Absterben bringen. Der Biss in die Nelke soll nur eine Übergangslösung für den Zahnarztbesuch sein.

- Die Gewürznelke stimuliert auch die Uterusmuskeln während des Geburtsvorgangs (in asiatischen Ländern wird hochschwangeren Frauen in jede Mahlzeit Nelkenpulver gemischt).
- Im Herbst, wenn die überquellenden Obstschüsseln von den lästigen Taufliegen heimgesucht werden, kommt die Gewürznelke zum Einsatz. Entweder in der Schüssel selbst oder knapp daneben einige Nelken legen und diese jede Woche auswechseln. Der starke Nelkenduft vertreibt diese lästigen Insekten.

Küchen- und Heilrezepte

Süßspeisen, Lebkuchen, Kompotte, Punsch und Glühwein lassen sich mit Gewürznelken verfeinern. Aber auch Saucen, Suppen und Marinaden können mit ihnen pikant abgeschmeckt werden. Ebenso bekommen Schinken, Fleisch-, Wild- und Fischgerichte ein besonderes Aroma, wenn man sie mit Gewürznelken zubereitet.

Sie sind auch Bestandteil der indischen Gewürzmischung „Garam masala“.

Böhmische Tomatensuppe

- ¾ kg sehr reife Tomaten
- 20 g Butter
- 3 Gewürznelken
- 2 EL Mehl
- ½ TL Meersalz
- ½ - 1 TL Zucker oder Ahornsirup

Die Tomaten vierteln, einmal aufkochen und durch ein Sieb passieren. (Man kann statt dessen auch 5 - 6 EL Tomatenmark mit einem ¾ Ltr. Wasser vermischen.) Nun das Mehl in der Butter anschwitzen und leicht bräunen. Jetzt Tomatenpüree, Nelken, Salz und Zucker hinzufügen, alles cremig verrühren und 10 Minuten köcheln lassen. Vor dem Servieren entfernt man die Gewürznelken.

Zu dieser Suppe kann man gekochtes, in Streifen geschnittenes Rindfleisch reichen.

Weichsel- oder Kirschkompott

- ¼ l Wasser
- ¼ kg Weichseln oder Kirschen
- 50 g Honig
- einige Gewürznelken

Das Wasser mit dem Honig 10 Minuten kochen, den sich dabei bildenden Schaum abschöpfen und anschließend erkalten lassen.

Die gewaschenen entstielten Kirschen in ein sauberes ½ l Glas einfüllen und mit dem Honigwasser übergießen, so dass sie alle bedeckt sind. Jetzt nur noch die Gewürznelken hinzufügen. Das Glas gut verschließen und 20 Minuten im Dunst kochen lassen.

Pflaumen in Essig

- 1 ½ kg Pflaumen oder Zwetschken
- ½ l Apfelessig
- ¾ kg Honig
- ganze Nelken und Zimtrinde

Essig mit Gewürzen und Honig aufkochen, über die gut gereinigten Pflaumen gießen und alles 1 Tag lang ziehen lassen. Den Saft am folgenden Tag abgießen, aufkochen, wieder über die Pflaumen gießen und einen weiteren Tag stehen lassen.

Nun alles zusammen 5 Minuten kochen, die Pflaumen schon jetzt in saubere Gläser füllen, dann den Saft allein noch ¼ Stunde kochen und danach die Pflaumen damit übergießen. Nach dem vollständigen Erkalten werden die Gläser mit Pergamentpapier verschlossen.

Gewürztee

- 5TL Schwarzer Tee
- 2 Gewürznelken
- ½ l Milch
- ½ Stange Zimt
- 1 geöffnete Kapsel Kardamom
- ½ l Wasser
- Ahornsirup nach Belieben

Alle Zutaten gemeinsam in einen Topf geben und langsam zum Kochen bringen. Dann 10 Minuten simmern lassen und abseihen. Fertig ist der entspannende Weihnachtstrunk.

Gewürznelken gegen hohen Blutdruck

3 mal tgl. 1 - 2 Gewürznelken kauen, dabei gründlich einspeicheln und mindestens 30 mal kauen, bevor sie hinuntergeschluckt werden.

Duchesne's Lebenselixier

- 60 g Enzianwurzel
- 15 g Maisbart
- 15 g Galgant
- 5 g Rosmarinblüten
- 30 g Tausendgüldenkrautblüte
- 15 g Gewürznelken
- 5 g Salbei
- 2 l Kornschnaps

In diesem Lebenselixier tummeln sich alle Kräuter von Rang und Namen. Aber man darf nur 1 - 2 mal pro Woche einen EL davon einnehmen.

Die Kräuter werden mit dem Schnaps übergossen und 2 Wochen ziehen gelassen. Danach seiht man den Kräuterauszug ab und bewahrt ihn in einer fest verschlossenen Glasflasche auf.

Ingwer
Zingiber officinale

Imber, Immerwurzel

Steckbrief

Der Ingwer hat bis zu 2 m hohe blättrige Stängel, die dem Schilf ähneln. Seine Blüten leuchten orange bis lila und verströmen einen köstlich betörenden Duft. Die Wurzel, aus der immer neue Pflanzensprosse treiben, kann nur in feuchten Böden gedeihen. Erst nach dem Verwelken der Blüten wird der unterirdische Teil der Pflanze geerntet.

Im asiatischen Raum wird die größte Menge von Ingwer produziert. Sowohl frisch als auch getrocknet gelangt er in den Handel. Wird er geschält, getrocknet und vermahlen erhält man „weißen" Ingwer. Der „schwarze" Ingwer wird aus der ungeschält getrockneten Wurzel gewonnen.

Verwendeter Pflanzenteil

- Wurzel (botanisch richtig: Rhizom)

Wirkung

- Der Ingwer ist eine scharfe, aromatische und wärmende Heilpflanze.
- Wie jedes Gewürz ist auch er verdauungsfördernd und regt außerdem die Leber an. Auch wird er zur Verhütung der Symptome der Reisekrankheit und bei Appetitlosigkeit verwendet. Überdies kann er bei Erbrechen, Übelkeit und Blähungen eingesetzt werden. Besonders ältere Menschen sollten ihn häufiger verwenden, da er den Magen-Darmtrakt wieder in Schwung bringt.
- Weiters hilft er bei Kraftlosigkeit, Abmagerung, Magersucht und Auszehrung (Kachexie), da er sehr mineralstoff- und vitaminreich sowie appetitanregend ist.
- Äußerlich wirkt er bei Rheumatismus, Arthritis oder Gicht, aber auch bei starkem Durchfall.
- In der indischen Heilkunde wird er als Heilmittel bei Gemütskrankheit und zur Senkung des Cholesterinspiegels verwendet.
- Bei Husten, pfeifendem Atem und Verschleimung schafft Ingwer Erleichterung. Da er nicht nur schleimlösend ist, sondern auch weil er das Immunsystem anregt.
- Auch zur Behandlung von Hämorrhoiden, wunden Stellen und Kahlheit soll er sich eignen.
- Aufgrund seiner Scharfstoffe (Shogaole) wird ihm eine herzstärkende Wirkung nachgesagt.

⊙ Der Genuss von Ingwer gilt auch als Garant für ein lebendiges Sexualleben. Ebenso soll kandierter Ingwer den Katzenjammer einer durchzechten Nacht mildern. Alles in allem ist er eine sehr lust- und lebensbetonte Wurzel.

Küchen- und Heilrezepte

Der berühmteste Vertreter ingwerhältiger Getränke ist das Ginger-Ale (Ingwerbier).

Gemeinsam mit Sojasauce und Koriander, Anis oder Fenchel gibt er gedünstetem Gemüse einen asiatischen Flair. Aber auch Suppen, Fleisch, Geflügel und Fisch können mit Ingwer aromatisiert werden. Im Besonderen verleiht er Kürbis eine würzige Nuance. Außerdem werden mit Ingwerpulver verschiedene wohlschmeckende Gebäcke hergestellt.

Kandierter Ingwer im Reisegepäck garantiert eine übelkeitsfreie Fahrt.

Dass in früheren Zeiten der Genuss von Ingwer im europäischen Bereich weiter verbreitet war als heute, belegt ein Kochbuch aus dem Jahre 1581:

„Ohne Ingwer keine Sawsuppen: Eine gute wolgeschmackte suppen von einer Spensauw mit gantzem Pfeffer, Ingwer und gantzen Muscatenblüth auch mit Petersilien wurtzel und wann du solche gewürzt darzu nimbst so wirdt sie wolgeschmack und man nennt sie eine Sawsupp.“

Raffiniert geschnetzeltes Kalbfleisch

- 400 g Kalbfleisch
- ½ EL Bratfett
- 1 Msp. Ingwer
- 1 EL Butter
- 1 Schalotte
- Salz und Pfeffer
- 10 g Brunnenkresse

Die gehackte Schalotte im Bratfett glasig werden lassen, das geschnetzelte Kalbfleisch dazugeben und kräftig anbraten. Nachdem es gar ist mit Salz, Pfeffer und Ingwer würzen, mit der gewiegten Brunnenkresse bestreuen und mit der Butter übergießen. Voilá.

Ingwer-Apfelmus

- 250 g Apfelmus
- 2 Stk. kandierter Ingwer
- 3 EL Mayonnaise
- gemahlener Ingwer

Das Apfelmus mit der Mayonnaise verrühren, den feingehackten, kandierten Ingwer untermengen und mit gemahlenen Ingwer abschmecken.

Diese kalt zu servierende Sauce passt sehr gut zu Wildbraten.

Prager-Ingwerkekse

- 280 g Zucker
- 2 ganze Eier
- 1 TL Ingwerpulver
- 280 g gemahlener Weizen (oder Dinkel)
- 1 Msp. Hirschhornsalz
- 2 Dotter
- Schale einer ungespritzten Zitrone

Die Eier und die Dotter mit dem Zucker schaumig schlagen und das mit Hirschhornsalz vermischte Mehl, die geriebene Zitronenschale und den Ingwer untermengen. Den Teig 1 cm dick auswalken und beliebige Formen ausstechen. Diese auf einem gefetteten und bemehlten Blech über Nacht stehen lassen und am nächsten Tag bei mäßiger Temperatur backen.

Ingwerkekse müssen einige Wochen in einer Keksdose abliegen und passen hervorragend zu Weißwein, in den sie getunkt werden. Sie sind aber auch als Weihnachtskekse sehr beliebt.

Ingwerreis

- 250 g Reis
- 1 EL Butter
- 40 g kandierter Ingwer
- Salz

Den Reis mit Wasser und Salz kochen. Die in schmale Streifen geschnittenen Ingwerfrüchte in der Butter andünsten, den Reis dazugeben und mit rösten bis er locker ist.

Ingwersuppe bei Husten und Verschleimung

- 120 g kleingehackter Ingwer
- 30 g kleine Bohnen
- 2 Tassen Wasser

Den Ingwer mit den Bohnen in einer heißen Bratpfanne leicht bräunen, das Wasser hinzufügen und auf 1 Tasse einkochen. Diese scharfe Suppe noch heiß vor dem Schlafengehen trinken. Kräftiges Schwitzen ist die Folge.

Ingwerbrot

Das Brot wird besonders bei Krebs und Halsdrüsenerkrankungen unterstützend sowie zur Blutreinigung verwendet.

- ½ Tasse Öl
- ¼ l saure Milch
- 2 Eidotter
- ¼ l Honig oder Melasse
- ¾ l Mehl
- 2 EL Ingwerpulver
- 2 Eiklar zu Schnee verarbeitet
- 1 TL Speisesoda (in 3 EL heißem Wasser auflösen)

Öl, Honig (oder Melasse) und saure Milch gut miteinander vermischen und allmählich die Eidotter, das Mehl, den Ingwer und das Speisesoda hinzufügen. Danach untermengt man den Schnee und verarbeitet alles zu einem Teig. Die Pfanne mit Öl bestreichen und das Brot eine ¾ Stunde backen. (Nur kaltgepresstes Öl am besten aus biologischen Landbau verwenden!)

Wund- und Hämorrhoidenpulver

- frischer Ingwer
- Alaun (Kaliumaluminiumsulfat)

Den Ingwer mit der Schale in große Stücke schneiden, ihn mit Alaun bedecken und in einer Pfanne rösten. Alles zu einem feinen Pulver vermahlen und direkt auf die betroffene Stelle auftragen. Dieses Mittel besänftigt auch Zahnschmerzen.

Nach 14 Tagen Anwendung eine Pause einlegen (sonst könnte sich das Leiden verschlimmern)!

Anti-Glatzen-Rezept

Frischen Ingwer zu einem Brei zerstampfen, erwärmen, auf die kahle Stelle auftragen und einwirken lassen. 2 - 3 Anwendungen sollten ausreichen.

Leider gibt es für die Wirkung dieses Mittels keine Gewähr.

Ingwerwasser für Bäder (Voll-, Teil-, Handbäder) **und Kompressen**

- 4,5 l Wasser
- Baumwollbeutel
- 100 - 140 g frischer geriebener Ingwer oder 30 - 40 g Ingwerpulver

Den Ingwer in den Beutel füllen, Wasser aufkochen, kurz abkühlen und den Beutel ins siedende Wasser geben und 5 Minuten leicht köcheln. Den Ingwerbeutel auswinden und das gelbe Ingwerwasser gleich verwenden.

Kompressen: Tuch in das heiße Ingwerwasser tauchen auswinden und möglichst heiß auf die betroffene Hautpartie legen und mit einem weiteren Tuch abdecken (kein Plastik). Die Person sollte bequem und warm liegen.

Sitzbad: Hilft bei starkem Durchfall

Vollbad: Ist anregend und gleichzeitig entspannend.

Fuß- od. Handbad: Bei Rheumatismus, Arthritis oder Gicht ist es angezeigt.

Ingweröl

- 1 TL Sesamöl
- 1 TL Ingwersaft (aus frisch geriebenen Ingwer ausgepresst)

Die Bestandteile vermischen und bei zu starken Brennen des Öls auf der Haut den Ingwersaftanteil verringern. Diese Mischung regt den Blutkreislauf an.

Haarausfall, Schuppen: 2 mal wöchentlich vor dem Waschen die Kopfhaut mit diesem Öl einreiben.

Akute, chronische Schmerzen: wie Rheuma, Arthritis, Neuralgie

Am besten nach dem Durchführen einer Ingwerkompresse die schmerzende Stelle mit Ingweröl einreiben.

Mittelohrentzündung: 1 Tropfen des Öls in den Gehörgang kann die Entzündung beruhigen.

Kerbel
Anthriscus cerefolium

Chörblichkrut, Französische Petersilie, Karweil, Suppenkräutel

„Kerbel ist immer gut. Man esse ihn roh oder gekocht zum Wohle des Magens. Er wird auch die zutiefst sitzenden Launen dieses Organs zu tilgen verstehen.“
Plinius d. Ä.

Steckbrief

Er stammt aus Südosteuropa und Westasien und ist ein einjähriges Kraut, das ab Mai kleine weiße Blüten trägt. Ungefähr 50 - 70 cm hoch wird der Kerbel mit seinen hohlen Stängeln, an deren Enden hellgrüne weiche Blätter sitzen, die denen der Petersilie ähneln.

Die erste Aussaat im Garten Ende März vornehmen. Dann alle drei Wochen nachsähen, damit immer frischer Kerbel zur Hand ist. Im kühlen Halbschatten mit lockerem, humusreichem Boden gedeiht er prächtig und ist schon nach 8 Wochen erntefähig. Die Blätter sollten verwendet werden, solange die Pflanze noch nicht blüht.

Apfelminze und Zironenmelisse sind gute Nachbarn vom Kerbel.

Verwendete Pflanzenteile

- Blätter

Wirkung

- Kerbel ist bitter, aromatisch und nach Anis schmeckend und außerdem erfrischend, appetitanregend, blutreinigend, abführend und harntreibend.
- Eine Frühjahrsentgiftungskur mit Kerbel empfiehlt sich allen, die an Verstopfung, Rheumatismus, Gicht, Wassersucht, Lebererkrankungen und Hautkrankheiten leiden. Er dient bei Fehlfunktion der Nieren und der Leber zur Reinigung.
- Kerbel galt schon immer als Heilmittel bei Bindehaut- und anderen Augenentzündungen. (Beim Auflegen einer mit Kerbelsud getränkten Kompresse die Augen fest schließen, damit die Flüssigkeit nicht nach innen dringt.)
- Durch Kerbelumschläge lässt sich die Milchproduktion stillender Mütter stoppen.
- Umschläge von gekochten Blättern wendet man bei Frostbeulen, Geschwüren und Hautverhärtungen an, wobei man die Blätter mit Essig und Salz vermischt. Kerbelsud hält die Haut geschmeidig und verzögert die Faltenbildung, wenn man sich täglich damit das Gesicht wäscht.
- Ameisen, Schnecken und Blattläuse mögen den Duft von Kerbel nicht.

▲ *Kren*

▼ *Estragon*

▲ *Liebstöckel*

▲ *Rosmarin*

▼ *Thymian*

▼ *Basilikum Blätter*

▲ *Borretsch Blüte*

▲ *Pfeffer*

▼ *Ysop*

▲ *Salbei*

▲ *Bohnenkraut*

▲ *Minze*

▲ *Petersilie*

▼ *Pimpinelle Blüte*

Küchen- und Heilrezepte

Ein leicht anisartiges und würzig-süßes Aroma entfaltet er auf der Zunge. Salate, Kräutertopfen, Suppen, Saucen und Omelettes werden mit ihm bereichert. In Füllungen für Fisch und Huhn entfaltet er auch seinen Wohlgeschmack. Am besten schmeckt Kerbel frisch und roh verwendet, da er beim Erhitzen oder Trocknen einem Großteil seines Aromas verliert.

Wenn Sie nun im Winter auf den Kerbel nicht verzichten wollen, frieren Sie ihn ein und lassen Sie das Trocknen sein, denn er verliert eine Menge Aroma, wenn er getrocknet wird.

Kerbelsuppe

- 150 g frischer Kerbel
- 2 EL Butter
- 200 ml Obers (Sahne)
- Muskat
- Zitronensaft
- 2 EL Mehl
- 2 Eigelb
- 1 l Bouillon
- Salz

In einem Topf das Mehl in der Butter andünsten (Einbrenn), die Bouillon hinzufügen, gut verrühren und aufkochen. Den Topf vom Herd wegnehmen und das mit Eigelb verquirlte Obers unter die Suppe rühren. Mit Salz, Muskat und Zitronensaft abschmecken, den Kerbel hinzufügen und 5 Minuten auf kleiner Flamme ziehen lassen.

Kerbeltopfen

- 100 g Topfen
- 3 EL gehackter frischer Kerbel
- 2 EL Joghurt
- ½ TL Kräutersalz

Alle Zutaten sorgfältig vermischen. Gemüse und Brote können mit ihm verfeinert werden.

Luftige Kerbelomelette

- 50 - 100 g frischer gehackter Kerbel
- etwas Obers bzw. Milch
- 5 Eier
- 1 EL Butter

Die Eier mit der Milch zu einem Teig schlagen, Butter in einer Pfanne erhitzen, den Teig hineingeben und anbacken. Den Kerbel auf den Teig geben, die Omelette wenden und kurz fertig backen.

Frühlingskur

Täglich ein Schnapsglas voll frischen Kerbelsaft mit Milch vermengt trinken.

Dazu tägliche Hand- und Fußbäder mit lauwarmem Wasser (eine Handvoll frischer Kerbel auf einen Liter Wasser).

Präparat gegen Leberkoliken

- 1 Teil Kerbelsaft
- 1 Teil wilde Zichoriesaft
- 1 Teil Lattichsaft
- 1 Teil Löwenzahnsaft

Die Säfte zusammen mischen und davon jeden Morgen ein Schnapsglas voll trinken.

Arzneiwein

- 175 g Kerbel
- 150 g Centaurea (Tausendgüldenkraut)
- 50 - 150 g Honig
- 1 l Weißwein

Die Kräuter in ein Gefäß füllen und den mit Honig vermischten Weißwein darüber gießen, dieses Gemisch 14 Tage ziehen lassen und danach abseihen.

Dieser Wein ist ein hervorragender Appetitanreger für Rekonvaleszente.

Knoblauch
Allium sativum

Knobi, Knofel, Look, Gruserich

„Jetzt schlingt diese Knoblauchzehen hinunter! Gut vorbereitet mit Knoblauch, werdet ihr euch mit gewaltigem Mut in die Schlacht stürzen."
Aristophanes, Die Ritter

Steckbrief

Der Knoblauch und das griechische Heer können auf eine lange gemeinsame Geschichte zurückblicken, auf die schon der berühmte Komödiendichter Aristophanes anspielte. Heutzutage bekommen in Griechenland die Soldaten vor der Schlacht zwar nicht mehr Unmengen von Knoblauch zu essen, dafür wird er um die im Freien aufgeschlagenen Zelte gelegt. Viele Griechen, die ihr Lager in der Natur unter dem Sternenhimmel aufschlagen, zerdrücken einige Knoblauchzehn, um mit dem Geruch des Knoblauchs Giftschlangen fernzuhalten. Schlangen legen sich nämlich gerne in ein von Menschen erwärmtes Zelt, um der Kühle der Nacht zu entgehen. Haben Sie auf den Knoblauch vergessen und Sie finden daher des Morgens einen ungebetenen kaltblütigen Gast in ihrem Lager, so greifen Sie zur Zigarette, falls Sie Raucher sind, und qualmen kräftig. Schon wird der unerwünschte Eindringling das Weite suchen, denn Schlangen lieben frische Luft und mögen verpestete Räume nicht.

Die Heimat des Knoblauchs sind die Steppen Innerasiens. Er ging aber schon früh auf „Wanderschaft" und verbreitete sich so über Vorderasien nach Ägypten und von dort weiter nach Norden und Westen sogar bis in den Wilden Westen.

Denn die selbsternannte Knoblauchhauptstadt der Welt liegt in den Vereinigten Staaten, Kalifornien, und heißt Gilroy. In der Umgebung der Stadt wird fast der gesamte Knoblauch der USA gezogen. Jährlich findet dort im August ein Knoblauchfest statt, bei dem die besten Knoblauchrezepte gekürt werden.

Die langen schmalen Blätter umrunden den Blütenstiel. Der kugelige, weiße Blütenstand besteht aus lauter kleinen, feinen Einzelblüten. Zwischen diesen sitzen winzige Brutzwiebeln. Die weiße oder rosa Knolle besteht aus einzelnen Zehen.

Steckt man im Frühjahr einzelne Zehen an einem sonnigen oder halbschattigen Platz in eine humusreiche Erde, so kann die daraus entstehende Knolle im Herbst geerntet und getrocknete werden. Setzt man die Knoblauchzehen erst im August, so erfolgt die Ernte im kommende Frühjahr.

Alle Teile dieser Pflanze sind heilkräftig, besonders aber die Zehen.

Der größte „Nachteil" des Knoblauchs ist sein Duft. Dieser wird von der Lunge ausgeschieden und sorgt für den „Knoblauchatem". Dieser Geruch kann auf verschiedene Weise überdeckt werden; z.B.: mit einigen Tropfen Engelwurzessenz, durch das Kauen von Kerbel oder Petersilie, durch das langsame Verspeisen eines geriebenen Apfels mit einigen Löffel voll Honig, oder auch durch das Knabbern von einigen Kaffeebohnen nach der Mahlzeit.

Einer arabischen Legende zufolge wird diese enge geruchliche Verbindung des Knoblauchs (Schwefelduft) zum Teufel so erklärt: Nach seinem Sündenfall wurde Luzifer aus dem Garten Eden vertrieben, dabei spross aus seinem letzten linken Fußabdruck der Knoblauch und aus seinem rechten die Zwiebel.

Verwendete Pflanzenteile

- Zehen

Wirkung

⊙ Darm - Herz - Lunge

diese drei Hauptorgane und natürlich auch alle damit zusammenhängenden Organe, werden von dieser „Wunderzwiebel" geheilt.

1) Darm

- Knoblauch regelt die Darmflora, da er die schnelle Vermehrung von unerwünschten Bakterien hemmt. Er vermindert Fäulnis- und Giftstoffe im Darm und desinfiziert auch den Darm, darum wird er bei Ruhr, Cholera, Typhus und ihren Folgeerscheinungen empfohlen.
- Er wirkt gegen viele Pilzinfektionen und Trichimonaden und ist auch ein effektives Wurmmittel.
- Er hat guten Einfluss auf die Tätigkeit der Verdauungsorgane und beseitigt Gärungserscheinungen, Verstopfung, Durchfall, Koliken und Übelkeit.

2) Herz

- Er wirkt erhöhten Blutfettwerten (senkt den Cholesterinspiegel) entgegen.
- Er dient der Vorbeugung altersbedingter Gefäßveränderungen.
- Aufgrund seiner blutgerinnungshemmenden Wirkung ist er ein gutes Mittel bei Herzgefäßerkrankungen. Noch dazu macht er die Blutgefäße geschmeidig (gegen Ateriosklerose), unterstützt die Arbeit der roten Blutkörperchen und bekämpft Vergiftungen durch Nikotin.
- Weiters senkt er nachweislich den Blutdruck und ist von großem Nutzen als vorbeugendes Mittel gegen Infarkte.
- Auch senkt er den Blutzuckerspiegel und ist daher Diabetikern zu empfehlen.

3) Lunge

Weil die Heilstoffe des Knoblauch zum Teil über die Haut und Lunge wieder ausgeschieden werden, können sie auch in der Lunge ihre anregende und bakterienabtötende Wirkung entfalten. Daher ist frischer Knoblauchsaft bei Bronchitis und sogar Tuberkulose sehr zu empfehlen.

- Äußerlich nimmt man Knoblauch bei Hauttuberkulose und zur Hautreizung bei Rheuma.
- Selbst sein wässriger Auszug kann Tumorbildung bei Ratten und Mäusen verhindern bzw. hemmen.
- Er ist außerdem ein Anregungsmittel für den Organismus und ein Regulator der wichtigsten Körperfunktionen. Gallen- oder Leberstörungen und Störungen der inneren Drüsen, Gicht, Ischias, Schwindelgefühl, Ohrensausen, Hitzewallungen etc. - bei all dem ist Knoblauch anwendbar.
- Schon im alten Ägypten wurde er als Aphrodisiakum benutzt. Dies geschah auf Grund seiner vitalisierend und tonisierenden Eigenschaften.
- Knoblauchtinktur kann sehr vielseitig angewendet werden.
  - Äußerlich bei: Insektenstichen, Husten, Erkältungserscheinungen, blutunterlaufenen Flecken, schlecht heilenden Wunden, Gesichtsunreinheiten etc.;
  - Innerlich bei: Magenverstimmung, Blähungen, Kolikschmerzen, Blutreinigung, Schlaflosigkeit, Wurmmittel, etc.

! Aufgepasst

Seine gesamte Heilkraft entfaltet der Knoblauch erst, wenn man ihn zerquetscht oder presst. Denn nur durch den Sauerstoff der Luft und die Zerstörung der Pflanzenzellen entstehen bestimmte Wirkstoffe wie: Allicin und Diallytrisulfit.

Das passiert so: In den intakten Knoblauchzellen ist das Enzym, Alliinase, getrennt vom Alliin aufbewahrt. Wird nun die Zelle zerstört, so wandelt das Enzym Alliin in Allicin um. Dieses Allicin reagiert wiederum mit dem Sauerstoff der Luft und verwandelt sich so in die heilwirksame Schwefelverbindung Diallytrisulfit. Für die Pflanze stellen diese Verbindungen einen effektiven Schutz gegen Fressfeinde dar.

Trotz all seiner guten Wirkungen soll man Knoblauch bei Magen und Darmerkrankungen nur in geringeren Mengen zu sich nehmen, da ansonsten das Leiden noch verschlimmert wird!

Auch äußerlich soll er nicht zu lange anwendet werden, da er auch Blasen, Reizungen und Hautentzündungen hervorrufen kann!

Küchen- und Heilrezepte

Im gesamten Mittelmeerraum sowie in der asiatischen Küche erfreut sich Knoblauch äußerster Beliebtheit. Auch in der österreichischen Küche hat er unzählige Anwendungsmöglichkeiten, vom Knoblauchbrot über die Suppe bis zur mit Knoblauch gespickten Lammkeule. Gulasch, Kräutertopfen, Saucen und Käse können durch Knoblauch abgerundet werden.

Wird der Knoblauch bei einem Gericht mitgekocht, so verhilft eine kleine Zugabe von frisch geriebenen Zehen vor dem Servieren zu einer geschmacklichen Bereicherung.

Als Credo für die Küche: Laut Mességué sollte es überhaupt keinen Tag ohne Knoblauch geben.

Knoblauch und Zwiebeln sind zwar eine sehr wohlschmeckende und gebräuchliche Kombination für deftige Gerichte, aber man darf sich nicht wundern, wenn man nach dem Genuss der so gewürzten Speisen von Blähungen heimgesucht wird.

Tsatsiki

- ½ kg Magertopfen (Quark)
- 1 Gurke
- etw. Salz
- 2 EL gehackte Minze
- ¼ l Sauerrahm
- 4 - 8 Zehen Knoblauch
- Olivenöl

Haben sie die Möglichkeit den echten Griechischen Joghurt zu kaufen, so verwenden Sie diesen statt Topfen und Sauerrahm (diese Kombination kommt in Geschmack und Konsistenz dem griechischen Joghurt sehr nahe).

Die Gurke schälen, grob raspeln, über einem Sieb abtropfen lassen und anschließend noch ausquetschen. Das Gurkenwasser kann als Gesichtslotion verwendet werden oder einen vitaminreichen Drink ergeben. Den Topfen mit dem Sauerrahm cremig rühren und mit der ausgepressten Gurke, dem Salz und dem zerquetschten Knoblauch vermengen. Jetzt etwas Olivenöl einrühren und mit dem Minzengrün garnieren.

Knoblauchsauce

- 2 - 3 Zehen Knoblauch
- 2 EL Dinkelmehl
- Galgant
- 50 ml Sahne
- 2 EL Butter
- Salz
- ½ l Gemüsebrühe
- 2 EL Schnittlauch

Den feingehackten Knoblauch in Butter andünsten, mit Mehl bestäuben und hell anschwitzen. Mit der Brühe ablöschen und kurz aufkochen. Mit Salz und Galgant würzen, das Obers glatt einrühren und mit Schnittlauch garniert servieren.

„Wehret den Anfängen“ - Knoblauchtrunk

- Saft einer Zitrone
- 1 EL Honig
- 2 Knoblauchzehen
- 1 ½ Tassen Wasser

Den Zitronensaft füllt man in eine Kanne und gießt heißes aber nicht kochendes Wasser darüber. Nun presst man die tolle Knolle hinein und fügt den Honig zu. Fertig ist das eigenartig schmeckende Getränk, das bei den ersten Anzeichen einer Verkühlung anzuraten ist. In den meisten Fällen kann damit eine Erkrankung abgefangen werden. Ansonsten verhilft es zu einer schnelleren Heilung.

Knoblauchtinktur für viele Anwendungen

- 250 g Knoblauch
- 1 l Branntwein

Den kleingehackten Knoblauch setzt man im Branntwein an, lässt ihn 14 Tage bei etwa 30° C stehen (am Herd oder in der Sonne). Die Flasche muss mit Wachs luftdicht verschlossen werden. Den Flascheninhalt mehrmals am Tag durchschütteln und nach 14 Tagen abseihen. Diese Tinktur hält sich ungefähr ein Jahr lang.

Tinktur gegen hohen Blutdruck

- 1 Knoblauchzehe
- 1 kleines Glas Alkohol

Die zerquetschte Knoblauchzehe 2 Tage lang im Alkohol einlegen. Von diesem Alkohol täglich 20 Tropfen in einem Aufguss aus Engelwurz, Salbei oder Melisse einnehmen.

Sirup gegen hohen Blutdruck

- 2 Knoblauchknollen (gerieben)
- 1 Glas Wasser
- 100 g Zucker

Alle Zutaten vermischen und davon täglich zwei Suppenlöffel einnehmen.

Stärkungskur mit Knoblauchauszug

- 0,3 l zerstoßener Knoblauch
- 0,6 l Alkohol

Zuerst den Knoblauch in eine Literflasche geben, dann den Alkohol darüber schütten. Das Gemisch 14 Tage in der prallen Sonne (oder an einem warmen Ort) stehen lassen (täglich einmal durchschütteln) und dann abfiltrieren.

Zum Durchführen der Stärkungskur am ersten Tag zwei Tropfen einnehmen, am zweiten Tag vier, am dritten sechs, und so weiter bis 24 Tropfen; dann langsam wieder auf zwei Tropfen zurückgehen.

Zitronen-Knoblauch-Wasser

- 1 Liter Wasser
- 30 Knoblauchzehen
- 5 unbehandelte Zitronen

Die blättrig geschnittenen Zehen werden mit den in Scheiben geschnittenen Zitronen und dem Wasser 2 Minuten lang gekocht. Nun läßt man alles 2 Tage ziehen. Danach wird es gemeinsam im Mixer püriert. Jetzt in Flaschen abfüllen und zur Stärkung täglich ein Schnapsglas einnehmen. Dieses Hausrezept stammt von einer sehr vitalen, älteren Dame.

Teemischung gegen erhöhten Cholesterinspiegel

- 3 Knoblauchzehen
- 3 Prisen Salbei
- 2 Prisen Kerbel
- 1 Prise Lavendel

Die angegebene Kräutermenge reicht für einen Liter Wasser. Davon täglich drei Tassen trinken.

Koriander
Coriandrum sativum

Böbberli, Krapfenkörner, Schwindelkraut, Wanzendill, Wanzenkraut

„Und die Israeliten nannten es Manna. Es war weiß wie Koriandersamen und hatte einen Geschmack wie Honigkuchen.“ (2 Moses 16,31)

Steckbrief

Schon in den Hängenden Gärten von Babylon soll der Koriander angepflanzt worden sein. Die Griechen und Römer stellten mit seiner Hilfe Liebestränke her. Laut den Chinesen schlummere im Koriandersamen die Kraft, unsterblich zu machen.

Eigentlich kommt der Koriander aus Südasien, ist aber schon lange im Mittelmeerraum heimisch und von dort zu uns gewandert.

Das einjährige Doldengewächs hat gefiederte Blätter und trägt ab Juni weiße bis malvenfarbene Blüten, die sich zu ockerfarbenen, kugelförmigen Früchten entwikkeln. Er liebt einen gut entwässerten durchlässigen Boden in sonniger Lage. Ist das Frühjahr kühl und feucht und der Sommer heiß und trocken, so dankt es der Koriander durch üppiges Wachstum. Will man nur die Blätter ernten, so sät man ihn an einem halbschattigen Ort aus.

Der Name der Pflanze leitet sich von ihrem Geruch ab. Die ganze Pflanze, und besonders die grüne Frucht, riecht unangenehm nach Wanzen, wenn man sie zwischen den Fingern zerreibt. Das griechische Wort ›koris‹ bedeutet Wanze. Im deutschen Sprachraum wurde der Koriander auch mit dem nicht sehr schönen aber passenden Namen Wanzenkraut betitelt. Das Kraut büßt beim Trocknen fast seinen gesamten Geschmack ein.

Die reifen und trockenen Früchte verbreiten im Gegensatz zur ganzen Pflanze ein angenehmes, warmes, nussiges Aroma.

Der Koriander kann Anfang April an einer sonnigen Stelle mit humusreichem, leicht gekalkten Boden ausgesät werden. Die Früchte können im September oder Oktober geerntet werden.

Verwendete Pflanzenteile

- Blätter
- Wurzeln
- getrocknete Samen

Wirkung

- Seine Blätter und Samen sind sehr reich an ätherischen Ölen, die auf das Verdauungssystem wirken und reizlindernd sind. Seine Öle sind antimykotisch (pilzabtötend) und bakterizid.
- Daher regt er den Appetit an, fördert die Verdauung und die Magensaftsekretion. Für seine windtreibende Wirkung ist er berühmt. Aus diesen Gründen sei er allen nahegelegt, die eine allgemeine Verdauungsschwäche haben und denen schweres Essen wie ein Stein im Magen liegt.
- Die reifen Samen sollen Blutungen stillen und Schleim lösen.
- Weiters ist er zu empfehlen bei Hämorrhoiden, Pocken, Ruhr, Masern (beschleunigt den Krankheitsverlauf), Verstopfung, Analprolaps und Zahnschmerzen.
- Bei Rheumatismus und Gelenksschmerzen wird er äußerlich angewendet.
- Außerdem hilft er Quecksilber auszuscheiden. Dazu bereitet man sich z.B.: ein 'Mojo verde' (s.u.) zu Mittag und isst dann abends eine Algensuppe. Die Meeresalgen binden dann das in den Darm ausgeschiedene Schwermetall und transportieren es aus dem Körper.
- Abschließend ist zu sagen, dass Koriander den Menschen insgesamt kräftigt.

! Aufgepasst

Das Öl gewinnt man durch Destillation von unreifen Früchten. Es ruft eine Art Trunkenheit und einen tiefen Schlaf hervor, ähnlich dem Alkohol. In größeren Dosen wirkt es toxisch!

Küchen- und Heilrezepte

Die reifen Samen und das frische Grün unterscheiden sich in ihrem Aroma wie in ihrer Anwendung.

Koriandersamen haben einen süß-würzigen Geschmack. Sie werden in unseren Breiten meist als Brotgewürz verwendet. Weiters bereichert man damit Würste, Pasteten und Lebkuchen. Auch zum Abrunden des Geschmacks von Pickels und in Öl eingelegte Oliven eignet sich ihr Aroma. Sogar ein Likör wird aus den Samen gewonnen. Weiters beseitigen sie vor und während des Kochens den Fischgeruch.

Im asiatischen Raum kommt er relativ häufig in Gerichten und Gewürzmischungen vor. Das trockene Rösten oder Braten in Öl, wie es in indischen Küche en vogue ist, verstärkt und verändert sein Aroma.

Die Blätter haben einen eigenen sehr frischen intensiven Geschmack. In der asiatischen Küche wird das Koriandergrün (Cilantro) ebenso häufig verwendet wie bei uns die Petersilie. Daher bekommen sie Koriandergrün in jedem Asienladen.

Curry aus Rindfleisch und Kartoffel

- ¾ kg Rindfleisch
- 400 g Kartoffel
- 2 große gehackte Zwiebeln
- 5 große Knoblauchzehen
- 2 TL gehackter frischer Ingwer
- 1 TL Kurkuma gemahlen
- 1 TL Cayennepfeffer (oder weniger)
- 8 EL Sesamöl oder Maiskeimöl
- ½ TL gemahlener Koriander
- ½ TL gemahlener Kreuzkümmel
- ca. 1 ½ TL Salz
- ½ l Wasser

Das Rindfleisch in Würfel schneiden und die Kartoffel vierteln. Die gehackten Zwiebeln, den Knoblauch und den Ingwer im Mixer pürieren. In einem Topf das Öl rauchend heiß werden lassen und vorsichtig (es spritzt) die Gewürzpaste einrühren. Auf kleiner Flamme unter ständigem Rühren die Paste köcheln bis sich das Öl abscheidet und eine rotbraune Farbe bekommt. Jetzt Koriander, Kreuzkümmel und Cayennepfeffer einrühren, dann das Fleisch unter Rühren einige Minuten braten. Mit Wasser abschrecken, Kartoffel und Salz dazugeben. Kochen lassen bis das Fleisch und die Kartoffel gar sind.

Diese burmesische Speise bringt Abwechslung in den Kochtopf und ist relativ einfach zuzubereiten.

Mojo verde

- 5-7 Knoblauchzehen
- ¼ EL Meersalz
- 1 grüner Paprika (nach Belieben)
- eventuell ½ Avocado
- 200 ml Olivenöl
- 50 ml Weinessig
- 1 Sträußchen Koriandergrün (ersatzweise Petersilie)

Den kleingeschnittenen und entkernten Paprika mit den anderen Zutaten im Mixer pürieren.

Diese würzige Sauce wird auf den Kanaren mit ungeschälten Salzkartoffeln als Beilage serviert.

Koriandersuppe

- 60 g Fleisch
- ½ l Wasser
- Salz
- Pfeffer oder Galgant
- 90 g frisches Korianderkraut mit Wurzeln und Samen

Das Fleisch im Wasser einige Minuten kochen, bis es gerade gar ist. Den gehackten Koriander dazugeben, noch kurz kochen lassen und mit den weiteren Gewürzen abrunden.

Wird diese Suppe mehrere Tage lang gegessen, so beseitigt sie schlechten Atem, riechenden Urin und üblen Geruch der weiblichen Genitalien.

Kräuterschnaps

- 3 g Koriander
- 2 g Angelikasamen
- 2 g Wermut
- 1 g Zimt
- 1 g Kardamom
- 2 g Angelikawurzel
- 2 g Melissenblätter
- 2 g Pfefferminzblätter
- 1 g Gewürznelken

Man kocht ½ l Wasser, lässt es abkühlen und vermengt es dann mit 2 l Weingeist. Die Flüssigkeit wird über die zerstoßenen bzw. zerschnittenen Kräuter gegossen. Das Gefäß lässt man gut verschlossen 2 - 3 Wochen an einem warmen, schattigen Platz stehen und seiht dann ab.

Nun kocht man 2 ½ l Wasser vermengt es mit 1 kg Zucker und lässt es abkühlen. Der geseihte Ansatz wird mit dem Zuckerwasser vermengt und diese Mischung lässt man mehrere Wochen ruhen, bevor man den Kräuterschnaps in Flaschen füllt. Dieser sollten noch 2 Monate im Keller ziehen.

Gurgelwasser bei Zahnschmerzen

- 9 g Koriandersamen
- 5 l Wasser

Das Wasser gemeinsam mit den Samen auf 1 l einkochen und bei Bedarf mit diesem Sud gurgeln.

Hämorrhoidenwein

- 6 - 12 g Koriandersamen
- ⅛ l Wein

Die Koriandersamen in einer Pfanne unter Rühren rösten bis sie braun sind, mahlen und mit dem Wein vermischt einnehmen.

Kren
Armoracia rusticana

Bauernsenf, Pfefferwurzel, Rachenputzer, Waldrettich

Steckbrief

Der Kren ist eine in Europa heimische, mehrjährige Pflanze, die wahrscheinlich aus Rußland stammt. Seit 2000 Jahren wird er kultiviert. Ursprünglich war er eine reine Heilpflanze, erst später fand er den Weg in die Küche. Vor der Entdeckung der exotischen Gewürze war der Kren die wichtigste Beilage zu Fleischspeisen.

Der zwischen breiten, länglichen, sattgrünen Blättern hervorragende und Blüten tragende Stängel der Pflanze kann bis zu 1,5 m hoch werden. Die lange, fleischige Wurzel stellt das eigentliche Würzmittel dar.

Der stechend, scharfe Geschmack des Krens kommt vom Allylisothiocyanat, das bei der Zellverletzung (Reiben oder Einschneiden der Wurzel) enzymatisch aus dem Sinigrin gebildet wird. Dieser Stoff ist nicht hitzebeständig und zerfällt an der Luft oder im Wasser sehr rasch. Will man den Scharfstoff stabilisieren, so bereitet man Essig- oder Apfelkren, da die Substanz in saurem Milieu sehr stabil ist.

Kren zieht man im Garten indem man im Winter ca. 6 cm lange Wurzelstücke in 10 cm Tiefe eingräbt. Der Abstand der Pflanzen sollte ½ m betragen. Sehr gut gedeiht er in feuchtem, sandigem und humusreichem Erdgut. Die erste Ernte erfolgt erst nach einem oder zwei Jahren. Man muss darauf achten, dass der Stängel vor der Blüte zurückgeschnitten wird. Außerdem sollte man sich den Standort der Pflanze vorher sorgfältig überlegen, da der Kren kaum mehr zu entfernen ist, wenn er erst einmal Fuß gefasst hat. Er treibt genau wie der Löwenzahn auch aus kleinen in der Erde verbliebenen Wurzelbruchstücken wieder aus.

Die Wurzel sammelt man in allen Monaten, die mit einem „r" enden, also von September bis Februar. Die Lagerung findet - eingeschlagen in feuchten Sand - im Keller statt.

Verwendete Pflanzenteile

- Wurzel
- frisches Blattgrün

Wirkung

- Kren ist eine sehr scharf schmeckende, anregende Pflanze.
- Auch putscht die Krenwurzel auf und ist, bei wohlüberlegter Dosierung, gut für Magen, Darm und Leber. In höheren Dosen kann er zu Magen- und Darmreizungen führen.

- Ferner ist sie harntreibend und wirkt gegen Harneiweiß, Wassergeschwülste, Gicht und Harnsteine. Krenwein ist ebenfalls harntreibend, Steine abführend und außerdem menstruationsfördernd.
- Die Wurzel der Pflanze ist stark ableitend und kann daher bei Husten, Bronchitis, Lungenentzündung, Asthma und Rheumatismus angewendet werden.
- Zuckerkranke, Rheumatiker und gichtige Personen sollten regelmäßig (mit Betonung auf mäßig) Kren einnehmen, um ihre Leiden zu erleichtern.
- Äußerlich wirkt er wie ein Hautreizungsmittel und eignet sich daher zur Behandlung von Nervenschmerzen, Ischias, Fuß-, Knie-, Rücken- und Armneuralgien, sogar bei schmerzhaften Beschwerden des Magens und bei Magengeschwüren.
- Krensaft heilt Schnitt- und Brandwunden. Frisch geriebener Kren auf Insektenstiche aufgebracht nimmt schnell den Schmerz. Bei Frostbeulen oder Erfrierungen wirken Krenbäder heilend.
- Wegen seiner Schärfe gilt er vor allem bei Männern als Aphrodisiakum, besonders wenn man ihn gerieben zu Fisch isst.

! Aufgepasst

Größere Mengen von Kren können zu Nierenreizungen oder allergischen Reaktionen führen! Daher vorsichtig dosieren!

Bei Durchfall und Nachtschweiß soll Kren nicht als Heilmittel verwendet werden!

Außerdem ist er Personen mit Magengeschwüren oder Schilddrüsenfehlfunktionen nicht zu empfehlen!

Küchen- und Heilrezepte

Der scharfe und erfrischende Geschmack des Krens sorgt für den gewissen Pepp in vielen Gerichten. Meist wird er in Verbindung mit Fleisch gereicht, da er für die anstandslose Verdauung von diesem sorgt. Zum Beispiel ist gekochtes Rindfleisch mit Semmelkren oder Apfelkren ein äußerst beliebtes Gericht der österreichischen Küche.

Die jungen frischen Blätter mit ihrem milden Geschmack bereichern vorzüglich Salate und belegte Brote.

Er ist in kleinen Mengen genossen ein wahres Wundermittel, das den Körper anregt und lebendig macht. Doch in größeren Menge wirkt er fast schon wie Sprengstoff und daher sollte er auch in der Küche mit Maß und Ziel eingesetzt werden. Wenn trotzdem jemandem am Esstisch der Kren zu Kopf steigt, so hat sich die 'Notfall-Schwarzbrotscheibe' bewährt. Eine kräftige Nase voll Schwarzbrotgeruch vertreibt nämlich die übermäßige Krenschärfe.

Kocht man Kren, so verflüchtigt sich sein ätherisches Öl und all der würzige scharfe Geschmack ist mit einem Gutteil seiner medizinischen Wirksamkeit dahin.

Apfelkren

- 2 - 3 säuerliche Äpfel
- Saft einer Zitrone
- gerissener Kren (nach Geschmack)

Die Äpfel fein reiben mit dem Zitronensaft und dem Kren vermengen. Gleich servieren da er sonst braun wird. Will man das Braunwerden verhindern, so kocht man die geriebenen Äpfel kurz auf bevor man den Kren unterrührt.

Essigkren

- gerissener Kren
- etwas Rindssuppe
- ein wenig Essig
- Salz
- Zucker

Kren mit Rindssuppe und Essig vermengen und mit Salz und Zucker abschmecken.

Semmelkren

- 3 Semmeln in Würfel geschnitten
- ½ l Bouillon
- 3-4 EL gerissener Kren
- 1 EL gehackte Petersilie
- Salz
- Zucker
- 4 Fäden Safran (in etwas Wasser eingeweicht)

Die Semmelwürfel in der Rindssuppe ¼ Stunde lang auf kleiner Hitze köcheln lassen. Mit einem Schneebesen kräftig verrühren, den Kren, Safran und die Petersilie einrühren und mit Salz und Zucker abschmecken. Falls der Semmelkren zu dickflüssig ist, kann er mit Milch verdünnt werden. Er passt hervorragend zu Rindfleisch.

Schnittlauch-Kren-Dip

- ¼ l Joghurt
- 4 EL Mayonnaise
- 1 EL gerissener Kren
- 2 Bund Schnittlauch, fein geschnitten
- Salz
- Pfeffer
- Essig

Mayonnaise und Joghurt verrühren und mit Salz, Pfeffer und einem Spritzer Essig abschmecken. Dann den Schnittlauch und den Kren untermischen.

Kren-Einreibung

- ¾ Glas geriebenen Kren
- Weinessig

Das Glas mit Weinessig füllen bis das Glas voll ist und dann geschlossen 2 Wochen ziehen lassen, danach abseihen.

Dieses Präparat kann äußerlich aber auch bei Krenunverträglichkeit innerlich (3 mal täglich ein EL in eine halbe Tasse Brennnesseltee) angewendet werden.

Kren-Auszug

Er wirkt bei Gicht, Rheuma und beseitigt Sommersprossen und Leberflecke.

- 1 Teil geriebene Krenwurzel
- 5 Teile Alkohol

Den Kren zwei Wochen im Alkohol ziehen lassen und dann abseihen.

Kren-Umschlag

Frischen Kren reiben, auf ein Leinentuch streichen und auflegen. Nach der Abnahme des Umschlages die gerötete Haut eincremen.

Krenwein

- 8 - 10 Krenscheiben
- ½ l Weißwein

Den Kren circa 10 Stunden im Wein mazerieren lassen und dann den Wein trinken.

Dieser Wein lässt Steine abgehen, löst Harnverhalten und fördert die Menstruation.

Zahnwasser

- 50 g geriebener Kren
- 20 g Fenchelsamen
- 20 g Pfefferminze
- 1 l Branntwein

Die Zutaten 3 Monate im Branntwein ziehen lassen, abseihen, bei Anwendung den Branntwein nach Geschmack verdünnen und damit den Mund spülen.

Dieses Zahnwasser befreit von der Zahnfäule und schlechtem Zahnfleisch.

Krenwein bei Magenproblemen

- 50 g geriebener Kren
- 1 l Weißwein

Den Kren im Wein 8 Tage ziehen lassen, abseihen und täglich zweimal ⅛ Liter, am Morgen nüchtern und am Abend, einnehmen.

Krenwein gegen Appetitlosigkeit

- 60 g frisch geriebener Kren
- 40 g Brunnenkresse
- 2 l Weißwein

Die Kräuter einige Tage im Weißwein mazerieren lassen, abseihen und am Morgen nüchtern ⅛ l des Weines Wein trinken.

Krencreme

- 2 Handvoll gerissener Kren
- 25 dag reines Schweinefett

Das Fett in einer Pfanne erhitzen, den Kren unterrühren, kurz aufschäumen lassen und die Pfanne vom Herd nehmen. Zugedeckt über Nacht auskühlen lassen, am nächsten Tag leicht erwärmen, die Masse durch ein sauberes Tuch filtern und in saubere Gefäße füllen.

Diese böhmische Creme hilft bei Gelenks- und Nervenschmerzen.

Kümmel
Carum carvi

Garve, Kumach, Karweil

Steckbrief

Der Kümmel ist in Europa heimisch und hat zart gefiederte Blätter.

Ab Mai schmückt er sich mit weißen oder rosa Blütendolden aus denen sich ab Juni die Früchte bilden. Die Pflanze ist zweijährig und wird bis zu 1 m hoch.

An einem halbschattigen bis sonnigen Platz kann der Kümmel im April ausgesät werden. Dabei ist darauf zu achten, dass er ein Lichtkeimer ist und daher nicht gänzlich mit Erde bedeckt werden darf. Das Erdreich sollte leicht feucht sein. Erst im zweiten Jahr entwickelt die Pflanze Blüten und Früchte. Die Samen werden im September oder Oktober geerntet.

Der typische Kümmelduft der Samen kommt vom ätherischen Öl Carvon, das 40 - 63 % der im Samen vorkommenden Öle ausmacht.

Verwendete Pflanzenteile

- Samen
- Wurzeln
- Blätter

Wirkung

- Er erwärmt und stärkt den Magen, fördert die Verdauung, beugt Völlegefühl vor und desinfiziert Magen und Darm. Das Kauen von Kümmel gibt einen guten Atem und beseitigt schnell Magenverstimmungen. Mutterkümmel (Kreuzkümmel; *Cuminum cynimum*) kommt bei Käseunverträglichkeit zum Einsatz.
- Auch wird er als harntreibendes Mittel verwendet und wirkt schleimlösend. Das Kümmelöl nimmt man zu Einreibungen gegen Bronchitis, beginnende Rachitis und gegen Hautparasiten her. Der Tee kann bei Rheuma und Rippenfellentzündung zur Unterstützung der Behandlung getrunken werden.
- Für Frauen ist der Kümmelsamen besonders zu empfehlen. Erstens steigert er die monatliche Regel und löst die Gebärmutterkrämpfe, zweitens bewirkt er eine Auflockerung der Weichteile, wodurch die Wehen schmerzloser und der Geburtsvorgang erleichtert wird und drittens fördert er die Milchsekretion in der Stillzeit.
- Er ist auch nach Ansicht der russischen Volksheilkunde ein sehr gutes Mittel bei Trunksucht.

Küchen- und Heilrezepte

Kümmel findet sowohl in Brot als auch Kuchen und Keksen Verwendung. Bei Eintöpfen und Suppen sorgt er für eine gesunde Geschmacksabrundung. Kraut- und Sauerkrautgerichte sowie Hülsenfrüchte macht er gut bekömmlich. Will man vermeiden direkt auf ein Kümmelkorn zu beißen, so gibt es zwei Möglichkeiten: Erstens den Kümmel in einem Leinensäckchen mitkochen und immer wieder die Lage des Säckchens verändern oder zweitens den Kümmel einfach in einer Pfeffermühle mahlen.

Mutterkümmel (Kreuzkümmel) sollte bei jeder Käsemahlzeit gereicht werden, da er für eine optimale und störungsfreie Verdauung der Milchprodukte sorgt.

Die Blätter des Kümmels haben milden Petersilien-Dill-Geschmack, der sich gut in Suppen und Salaten macht.

Die Wurzel der Pflanze kann als sehr schmackhaftes Gemüse verarbeitet werden.

Lassi: indisches Joghurt-Getränk

- ¼ l Joghurt
- 1 TL gemahlener Kreuzkümmel
- 1 TL Salz
- ¾ l Eiswasser

Joghurt, Kreuzkümmel und Salz mit dem Schneebesen schlagen bis die Mischung cremig ist und unter ständigem Rühren das Eiswasser hinzufügen. Man kann auch alles im Küchenmixer vermengen. Nun ist das erfrischende Getränk, das heiße Sommertage erträglich macht, fertig. Es wird am besten gekühlt servieren.

Bircherkartoffel

- 4 mittelgroße Kartoffeln
- etwas Olivenöl
- Kümmel

Die Kartoffeln sauber bürsten, halbieren, die Schnittfläche mit Öl bepinseln und mit Kümmel bestreuen. Dann die Kartoffel mit der Schnittfläche nach unten auf ein Blech legen. Im gut mittelheißen Rohr zwischen 20 und 30 Minuten braten bis sie gar sind.

Dazu harmoniert sehr gut und köstlich Kräutertopfen oder Frischkäse. Bei dieser Kartoffelzubereitung kann man bei ungespritzter Ware getrost die Schale dran lassen, das macht das Gericht nur um so vitamin- und mineralstoffreicher.

Magenlikör

- 1 TL Kümmel
- 1 TL Koriander
- 1 TL Anissamen
- 1 Handvoll Pfefferminzblätter
- 700 ml klarer Schnaps

Die Pfefferminzblätter mit den anderen Gewürzen im Mörser zerstoßen, mit Schnaps übergießen und gute zwei Tage ziehen lasse. Nun den Schnaps abseihen und in Flaschen füllen.

Dieser hervorragende Magenbitter sollte nach jeder allzu üppigen Mahlzeit getrunken werden.

Kümmelschnaps

- 2 Handvoll Samen
- 1 l Obstbrand

Die Samen 2 Wochen lang in der Wärme oder Sonne ziehen lassen und dann abgießen. Schon ein kleines Likörglas voll hilft bei Magenkrämpfen und Verdauungsstörungen.

Kümmelkur bei Trunksucht

50 g Kümmel werden mit 1 Liter siedendem Wasser übergossen. Dieser Tee muss ungesüßt getrunken werden!

Am 1. Tag der Entziehungskur 4 - 5 Tassen, am 2. Tag 4 Tassen, am 3. Tag 3 Tassen, am 4. Tag 2 Tassen und in den folgenden Tagen je 1 Tasse, dies durch etwa drei Wochen, je nach Grad der Trunksucht. Zuerst stellt sich Erbrechen ein, dann folgt zumeist Durchfall und eine erhöhte Harn- und Schweißabsonderung. Die Kur ist bei Rückfall zu wiederholen. Der Erfolg bleibt nicht aus.

Kurkuma
Curcuma longa

Safranwurz, Gelbwurz

Steckbrief

Kurkuma ist in Südasien beheimatet. Aufgrund ihrer starken gelben bis orangen Farbe wurde sie schon früh zum Färben von Wolle und Seide verwendet. Die Roben buddhistischer Mönche leuchten schon lange mit Hilfe der Gelbwurz in den Farben des Sonnenaufgangs.

Der Name *Curcuma* entspringt dem arabischen Wort 'kurkum' (Safran). Daher erhalten Sie auf einem arabischen Basar Safranwurzel, die in Wirklichkeit aber Gelbwurz ist und nichts mit dem Safran gemein hat.

Diese ausdauernde Pflanze ist dem Ingwer verwandt und hat einen dicken unterirdischen Spross aus dem sich große längliche Blätter entwickeln. Im Frühjahr schmückt sich die Pflanze mit dichten Blütenständen. Die obersten Blüten sind gelb bis weiß und rosa angehaucht, je tiefer sie liegen desto grüner sind sie.

Am Ende der Wachstumsperiode wird die Wurzel ausgegraben, gewaschen, gekocht und in der Sonne getrocknet. Meist kommt sie gemahlen in den Handel.

Verwendeter Pflanzenteil

- Wurzel (botanisch richtig: Rhizom)

Wirkung

- Die Gelbwurz schmeckt scharf-bitter und ist zusammenziehend.
- Sie regt das Verdauungssystem an, indem sie die Gallensekretion erhöht und den Appetit steigert. Auch bei Koliken und Blähungen ist sie von Nutzen.
- Außerdem ist sie kreislauffördernd und erhöht somit den Blutdruck.
- Weiters stimuliert sie das Atmungssystem.
- Die Gebärmutter reagiert auch sehr gut auf die Gelbwurz. Daher hilft sie bei schwieriger und schmerzhafter Menstruation und wird auch unterstützend bei Gebärmuttertumoren verwendet. Aber sie vermag auch die Milchproduktion zu steigern.
- Noch dazu wirkt sie günstig auf die Leber.
- Sie stillt Schmerzen und lindert Entzündungen sowie Ödeme. Auch bei Schmerzen und Juckreiz durch wunde Stellen oder Fußpilz bedingt, sowie bei Zahnschmerzen, wird Kurkuma eingesetzt.
- In der chinesischen Medizin wird sie vor allem zur Behandlung von Schmerzen im Brustkorb, Ausbleiben der Regel, traumatischen Verletzungen, Schwellungen und Karbunkel, ferner bei Bluthamen verwendet. Denn sie normalisiert den Energiefluss.

Küchen- und Heilrezepte

Meist wird sie wegen ihrer gelbfärbenden Wirkung in Gerichten eingesetzt.

In vielen Gewürzmischungen des asiatischen Raumes ist Kurkuma ein fester Bestandteil. Auch in Currys, Reis und anderen Getreidegerichten darf sie nicht fehlen. Senf, Pickels und Fisch werden ebenso damit verfeinert.

Die folgenden zwei Rezepte sind indischer Herkunft, aber leicht nachzukochen und bringen einen Hauch von Exotik auf den täglichen Tisch.

Channa: pikante Kichererbsen

- 250 g getrocknete Kichererbsen
- 1 TL gemahlener Kreuzkümmel
- 1 Prise Salz
- 1 TL gemahlenes Kurkuma
- ½ TL Cayennepfeffer
- Zitronensaft nach Geschmack

Die Kichererbsen über Nacht einweichen, am nächsten Tag in frischem Wasser mit Kurkuma zum Kochen bringen und 35 - 40 Minuten simmern lassen, bis sie weich sind. Die Kichererbsen noch heiß abtropfen lassen. Wenn sie trocken sind mit Kreuzkümmel, Cayennepfeffer und Salz bestreuen, durchmischen und mit Zitronensaft abschmecken. Sie können allein als Snack oder zusammen mit Reisgerichten oder Currys gereicht werden.

Alu bhaji: schmackhaft gebratene Kartoffel

- ½ kg Kartoffel
- 1 EL Öl
- ½ TL Cayennepfeffer
- 1 TL Salz
- 2 mittelgroße feingehackte Zwiebeln
- ½ TL gemahlenes Kurkuma
- ¼ TL schwarze Senfsamen

Die gekochten Kartoffel schälen und würfeln. Das Öl in einer Pfanne erhitzen und die Senfkörner darin so lange braten bis sie knistern. Nun die Zwiebel hinzufügen und bei schwacher Hitze goldbraun braten. Kurkuma und Cayennepfeffer einrühren, die Kartoffel zugeben, salzen und vorsichtig durcheinander mischen. Diese feurigen Kartoffel können heiß oder kalt als Zuspeise serviert werden.

Gelbe Mandelmilch

- ½ l Milch
- 1 TL Kurkuma
- 1 EL Ahornsirup
- 1 Prise gemahlener Ingwer
- 1 EL Mandelmus

Alles wird zusammen in einem Topf getan, gut verrührt und kurz aufgekocht. Dieses etwas andere nahrhafte Milchgetränk wird heiß serviert.

Umschlag bei Schmerzen und Juckreiz

- 4 TL Kurkuma gemahlen
- 1 - 2 TL Wasser

Kurkuma mit Wasser zu einem dicken Brei verrühren und auf die wunde Haut oder den Pilzbefall auftragen, mit einem Tuch abdecken und einwirken lassen.

Liebstöckel
Levisticum officinale

Gichtkraut, Maggikraut, Luststock, Rübestöckel

Steckbrief

Ursprünglich stammt der Liebstöckel aus dem südwestlichen Asien.

Die stark duftende ausdauernde Pflanze wird ca. 1,3 - 2,5 m hoch und blüht von Juli bis August mit gelb-grünen Blütendolden. Sie benötigt einen Platz im Halbschatten mit mäßig feuchtem, nährstoffreichem Boden. Im Topf kann man eine Pflanze nur ein Jahr lang halten, da Wurzel und Pflanze danach zu groß sind. Von Mai bis November versorgt eine Pflanze einen ganzen Haushalt mit frischem Kraut. Wenn man mit frischen und möglichst jungen Pflanzenteilen würzt, erhält das betreffende Gericht einen sehr feinen, köstlichen Geschmack.

Die Blätter pflückt man vor der Blüte, die zarten, saftigen Stengel erntet man im Frühjahr und die Wurzel wird erst im Herbst des dritten Jahres ausgegraben.

Das Kraut soll an einem kühlen und trockenen Platz getrocknet werden, da es ansonsten viele seiner ätherischen Öle verliert.

Verwendete Pflanzenteile

- Blätter
- Wurzel
- Samen

Wirkung

- Der Liebstöckel ist eine bittersüße, scharf aromatische und beruhigende Pflanze. Außerdem ist er entkrampfend, schleimlösend, harntreibend und wirkt vielen Krankheitserregern entgegen.
- Er ist wie viele andere Gewürze auch ein erwärmendes Verdauungstonikum. Daher hat er appetitanregende, entkrampfende und blähungsmildernde Wirkung. Sein Tee hilft bei Verdauungsbeschwerden, Magenkrämpfen, Verschleimung des Magens und chronischem Durchfall.
- Der Liebstöckeltee wird bei chronischem Herzleiden, Blasenleiden und bei Gicht empfohlen. Bei Harnverhalten, Eiweiß im Harn, allgemeiner Nervenschwäche, Hysterie, übelriechendem Schweiß, Gelbsucht und Halsentzündung (gurgeln) entfaltet er seine heilsame Wirkung. Ebenso ist er hustenlösend.
- Außerdem wirkt er entwässernd und setzt verspätete Menstruation in Gang.
- Er unterstützt Milz und Leber in ihrer Funktion.
- Bei schlecht heilenden Wunden und Hautunreinheiten werden Bäder oder Umschläge mit den Tee verordnet.

⊙ Er ist ein aromatisches Anregungsmittel und bringt unseren Körper in Schwung. Deswegen der vielsagende Volksname 'Luststock'.

! Aufgepasst
Nicht in der Schwangerschaft oder bei Nierenleiden zu Heilzwecken verwenden!

Küchen- und Heilrezepte
Alle Teile der Pflanze haben einen starken Sellerie und Hefe ähnlichen Geschmack, der gut zu vielen Speisen passt. Die Blätter können zum Veredeln von Eintöpfen (mit oder ohne Fleisch), Suppen, Saucen, Fisch und Marmelade verwendet werden. Sparsam dosiert bereichert Liebstöckel Fleischfüllungen, faschierte Laibchen und Kräuterbutter. Sein ganzes Aroma entfaltet der Liebstöckel erst durch die Erhitzung, daher nicht erst am Schluss sondern schon am Beginn des Kochens den Speisen zugeben. Da sein Geschmack sehr intensiv ist sollte man mit diesem Kraut sehr sachte würzen.
Die Samen finden in Brot und würzigen Knabbereien Verwendung.
Der Tee (ob von Wurzeln oder Grün) wird kalt angesetzt. Die Wurzeln lässt man über Nacht ziehen und seiht in der Früh ab. Beim Kraut wird der Tee gleich aufgekocht, kurz ziehen gelassen und dann abgeseiht.

Vegetarischer Bauernschmaus
- 350 g Kartoffel
- 4 Knoblauchzehen
- 1 EL Hefeflocken
- ¼ l Gemüsebouillon
- 1 EL geriebener, geräucherter Käse
- einige Butterflöckchen
- 80 g Zwiebeln
- etwas frischer Liebstöckel
- 2 EL Sojagranulat
- 1 Ei
- 3 EL Milch

Die sauber gebürsteten und in dünne Scheiben geschnittenen Kartoffel zu einem Drittel in eine gefettete flache Auflaufform geben. Je die Hälfte der gehackten Zwiebeln, des in Scheiben geschnittenen Knoblauchs, des Sojagranulats, der Hefeflocken und des fein gewiegten Liebstöckels darauf verteilen. Nun das nächste Drittel der Kartoffel in der Form verteilen und mit dem Rest der Zutaten (Zwiebel, Knoblauch, Sojagranulat, Hefeflocken und Liebstöckel) bedecken. Jetzt die letzte Kartoffelschicht in die Form legen und mit heißer Gemüsebouillon übergießen. Den Auflauf mit einer Alufolie bedecken, in das sehr heiße Rohr schieben und dort ½ Stunde garen lassen.

Nun Milch, Käse und Ei verquirlen, über den Auflauf verteilen, diesen mit einigen Butterflöckchen belegen und alles zusammen ¼ Stunde im Rohr überkrusten.

Zu diesem üppigen Mahl kann Salat gereicht werden.

Hustenwein

- 5 g Liebstöckel
- 20 g Fenchel
- 5 g Salbei
- ½ l Wein

Die Kräuter ca. 1 - 2 Tage in Wein einlegen, abseihen und jeweils nach dem Essen ein Likörglas voll angewärmt trinken.

Dieser Wein findet auch bei Rippenfell- und Brustfellentzündung seine heilbringende Anwendung.

Auszug

- 4 - 5 EL frische zerkleinerte Wurzeln
- 1 l Alkohol

Wurzeln im Alkohol ansetzen, an einem warmen Ort oder in der Sonne 2 Wochen ziehen lassen und dabei immer wieder schütteln. Das Präparat abfiltern und bei Bedarf 1 kleines Likörglas trinken.

Der Auszug stärkt den Magen, regt den Appetit an und hilft bei Magen und Bauchkrämpfen.

Liebstöckelwein

- 1 EL zerstoßene Liebstöckelsamen
- ½ l Weißwein

Die Samen im Wein einige Tage lang ansetzen. Vom Wein morgens nüchtern 1 Stamperl (2 cl) trinken. Dieser Kräuterwein verbessert die Funktion der Milz und Leber.

Lorbeer
Laurus nobilis

Steckbrief

Der Lorbeer soll laut der griechischen Mythologie eine Nymphe namens Daphne sein. Der liebestolle Apollon stellte ihr nach, so dass sie sich genötigt sah bei der Göttin Gaia Schutz zu suchen. Diese verwandelte Daphne in einen wohlriechenden immergrünen Baum. In Angedenken an seine Liebste ist der Lorbeer seither dem Apollon heilig. Auch der erste Tempel des Apollon wurde aus Lorbeerholz gebaut und sein erstes Orakel in Delphi wurde durch das Rauschen des Lorbeers verkündet.

Sein Name *Laurus nobilis* leitet sich vom lateinischen Wort 'laus' (Lob) ab. Das Lob bezog sich auf die römischen Feldherren, die mit einem Lorbeerkranz gekrönt, nach einem siegreichen Krieg in Rom einzogen.

Der immergrüne hauptsächlich im Mittelmeerraum vorkommende Lorbeer hat eine olivefarbene oder rote Rinde. Die glänzenden, dunkelgrünen Blätter sind ledrig und helfen so der Pflanze Wasser sparen. Ab Mai schmücken ihn kleine, duftende, weiße Blüten aus denen sich dann die schwarzblauen Beeren entwickeln.

In einem Kübel lässt er sich auch in unseren Breiten leicht ziehen. Im Sommer an einem sonnigen Platz am Balkon oder der Terrasse stellen, im Winter einfach ins Haus holen. Er kann leicht durch Ableger (Stecklinge) vermehrt werden, aber auch aus den Samen kann man ihn ziehen.

Verwendete Pflanzenteile

- Blätter
- Früchte

Wirkung

- Der Lorbeer ist bitter, aromatisch und anregend.
- Er verbessert die Verdauung. Daher schafft bei Magenschwäche und Magenkrämpfen ein Abkoch aus drei Lorbeerblättern Abhilfe. Aber auch als Gewürz verwendet regt er den Appetit an und sorgt für einen besseren Verdauungsfluss.
- Aus den Blättern und Früchten gewinnt man ein grünliches Öl, das bei akuten Rheumaanfällen, Lähmungserscheinungen und Gelenkstarre angewandt, Linderung herbeiführt.
- Wenn man pulverisierte Lorbeerblätter und Früchte mit Honig anrührt, so erhält man eine Paste die Altersflecken zum Verschwinden bringen kann.
- Setzt man das ätherische Öl Kräutercremes zu, so entfaltet es seine entzündungshemmende und hautreinigende Eigenschaft. Außerdem wirkt Lorbeer örtlich antiseptisch.

⊙ Die Beeren des Lorbeer können auch zur Bekämpfung von Migräne und Kopfschmerzen herangezogen werden.

! Aufgepasst

Alle anderen Lorbeerarten wie Kirschlorbeer, Oleander, Alexandrinerlorbeer sind hochgiftig! Selbst Küchenlorbeer kann in hohen Dosen verwendet zu Erbrechen und Übelkeit führen.

Wenige Menschen, meist Pollenallergiker, vertragen keinen Lorbeer und sollten daher gänzlich von ihm Abstand nehmen.

Küchen- und Heilrezepte

Seine frischen Blätter sind sehr aromatisch aber auch bitter, erst beim Trocknen verliert sich diese Bitterkeit. Dazu müssen sie sorgfältig im Schatten gelagert werden. Guten Lorbeer erkennt man an seiner satten grünen Farbe und dem starken Duft. Alter Lorbeer ist braun, bitter und geruchlos.

Er ist fast nicht wegzudenken aus schmackhaften Suppen, Gulasch, Fleischbrühen, Eintöpfen und manchen anderen Zubereitungsarten von Fleisch. Ebenso lassen sich mit ihm Fischsud, Sauerkraut, Rote Rüben, Kartoffeleintöpfe und Gemüsesuppen verfeinern. Ein bis zwei Blätter - Liebhaber verwenden natürlich etwas mehr - werden mit gekocht und vor dem Servieren entfernt. Aufgrund seiner Beliebtheit findet man Lorbeerblätter sowohl im „Bouquet garni" als auch in den „Kräutern der Provence".

Gar nicht beliebt ist er bei Rüsselkäfern, deswegen verpackt man Lakritze und Feigen gemeinsam mit getrockneten Lorbeerblättern. So bleiben diese Leckerbissen (nicht nur des Menschen) von ungeliebten Gästen verschont.

Herbes de Provence

- 3 Zweige getrockneten Thymian
- 3 Zweige getrockneter Rosmarin
- 2 Zweige getrockneter Oreganum
- 2 Stängel getrockneter Lavendel mit Blüten
- 3 Zweige getrocknetes Bohnenkraut
- 2 Lorbeerblätter
- 1 Zweig getrocknetes Basilikum

Die Kräuter im Mörser grob zerstoßen, miteinander gründlich vermengen und in ein Schraubglas füllen. Vor dem Würzen die Kräuter noch einmal kurz mit den Händen zerreiben.

Lorbeeröl

Kann als Einreibung bei Rheumaschmerzen, Lähmungserscheinungen und Gelenkstarre verwendet werden.

- 250 g Schweineschmalz
- 2 Handvoll Lorbeerblätter und Früchte

Das Schmalz erhitzen bis es heiß genug ist, um Schnitzel auszubacken, die inzwischen zerdrückten Blätter und Früchte hineingeben, überprasseln lassen, umrühren und von der Herdplatte wegziehen. Zugedeckt einen Tag lang stehen lassen. Am nächsten Tag erwärmt man die Masse leicht und filtert sie durch ein sauberes Leintuch in ein vorbereitetes sauberes Gefäß.

Lorbeerweinpaste gegen Kopfschmerzen und Migräne

- 1 EL Lorbeeren
- 2 - 3 EL Wein

Die Beeren im Mörser zerstoßen und dabei mit dem Wein zu einer geschmeidigen Paste vermengen.

Mit dieser Masse die Schläfen und die Stirn bestreichen und mit einem Tuch abdecken. Eine halbe Stunde im Bett liegend einwirken lassen. Falls nötig kann man die Anwendung zweimal am Tag wiederholen.

Majoran
Origanum majorana

Bratenkräutli, Maigram, Wurstkraut

Steckbrief

Der Majoran war in antiker Zeit dem Sohn der Aphrodite, dem Gott der Eheschließung, Hymenaeus, geweiht. Daher hegte und pflegte Aphrodite ihr Majoranbeet am Fuße des Olymps, der Berg den sich die griechischen Götter als Wohnsitz erkoren hatten.

Man glaubte auch, dass der Duft des Majorans Unglück verhindere und vor Krankheit schütze. Das Öl der wohlriechenden Pflanze galt im alten Rom als Liebesgabe.

Er war sehr günstig und gehörte in jeden normalen Haushalt der damaligen Zeit. Nur der „Kleinliche" - laut Theophrasts Charakterstudien - verbot seiner Frau Salz, Lampendocht, Kümmel, Majoran, Opferschrot und solche Dinge zu verborgen, denn „Diese Kleinigkeiten machen viel aus".

Der Majoran kann sowohl einjährig als auch ausdauernd sein. Ungefähr 40 cm ragt der kleine, buschige Strauch in die Höhe. Die zarten, fein behaarten Blätter sitzen an einem rötlichen Stängel. Im Juli und August zeigen sich die weißen oder rosa Blüten.

Leider ist er sehr frostempfindlich und muss entweder jedes Jahr im Mai neu gesät oder in einem Topf gehalten werden. Auf jeden Fall liebt er einen sonnigen Standort mit nährstoffreicher Erde.

In der Blütezeit und kurz vorher wird er knapp über dem Boden abgeschnitten und in Sträußen getrocknet. Die Blätter und Blüten streift man in ein Schraubglas ab und verwirft die harten Stängel.

Der Majoran ist ein Quell von Flavonoiden und ätherischen Ölen wie Carvacrol und Thymol, die auch medizinische Bedeutung haben.

Verwendete Pflanzenteile

– ganzes Kraut auch mit Blüten

Wirkung

- Der Majoran ist antiseptisch, krampflösend, schweißtreibend, verdauungsfördernd, regt die Gebärmutter an und ist leicht schleimlösend. Daraus ergeben sich viele Heilkräfte.
- Seine appetitanregende Wirkung - er regt die Magensaftsekretion an - leistet geschwächten Menschen gute Dienste. Vielfach wird der Majoran als Mittel gegen Krampfzustände angewendet. Er hilft bei Krämpfen aller Art - seien es Muskelkrämpfe, Magenkrämpfe oder Hustenkrämpfe.

- Außerdem ist er ein wunderbares Nervenberuhigungsmittel bei Nervosität, Schlaflosigkeit, Herzklopfen und Beklemmungsgefühlen.
- Weiters wirkt er kräftigend, harntreibend und ruft heilsame Schweißausbrüche hervor, wenn der Organismus mit Giftstoffen überfüllt ist.
- Er reinigt auch verlegte Atemwege von allen Arten von Schleim. Dazu inhaliert man den Tee zuerst und trinkt ihn dann. Ein mit Majorantee getränkter Wattebausch heilt Heuschnupfen, wenn man ihn sich jeden Tag kurmäßig für 30 Minuten in die Nase steckt.
- Bei Einreibungen und Bädern wird er gegen Erkältungskrankheiten und Rheuma eingesetzt, als Creme verwendet man ihn bei Hautentzündungen und zur Wundbehandlung.
- Zusätzlich wirkt er gegen Migräne (krampflösende Eigenschaft; der frische Saft wird durch die Nase aufsaugt), und gegen Schwellungen aller Art, bei Verstauchungen, Ausrenkungen und Verrenkungen. Das Öl hilft, äußerlich angewendet, bei Rheuma, Krampfadern, verhärteten Drüsen und steifen Gelenken nach Anstrengung.
- Mit dem Majorantee soll man sich die Haare spülen, wenn man zu Haarausfall neigt.
- Der Majorantee fördert auch die Menstruation und lindert die Gebärmutterkrämpfe.

Küchen- und Heilrezepte

Majoran ist der Richtige für alle „derben" Gerichte, sprich für die Hausmannskost. Im Leberknödel, für Gänsebraten, sowie zur Wurstherstellung ist er unentbehrlich, aber auch bei der Zubereitung von Hülsenfrüchten, Kohl, Speck mit Kartoffeln, Faschiertem, Gulasch, Hammelfleisch und Innereien hat er seinen angestammten Platz. Überdies darf er in kaum einem Tomatengericht fehlen und eine Pizza ohne ihn ist fast undenkbar.

Wenn man sein gesamtes Aroma genießen will, so tut man gut daran ihn erst am Ende des Kochvorganges zuzugeben.

Auch die Lebensmittelindustrie ist auf ihn angewiesen. Denn er und der Thymian geben den meisten Würsten ihren herzhaften Geschmack und erhöhen gleichzeitig die Haltbarkeit. Da er der klassische Partner gekochter und gebratener Leber ist, fehlt er auch in der Leberwurst nicht.

Majoran-Nuss-Bandnudeln

- 400 g Bandnudeln
- 2 EL Semmelbrösel
- 5 EL Butter
- Salz
- 100 g geriebene Walnüsse
- ⅛ l Milch
- 3 EL Majoranblätter

Die Nudeln in Salzwasser bissfest kochen, abseihen und abtropfen lassen. In der Butter die Nüsse und Semmelbrösel goldgelb anrösten, mit Milch aufgießen und durchrühren bis eine cremige Sauce entsteht. Die Nudeln mit der Sauce vermischen, mit Salz abschmecken und den Majoran unterheben.

Erbsensuppe mit Majoran

- 100 g gehackte Majoranblätter
- 600 g frische Erbsen
- 150 g zerlassene Butter
- 200 g getrocknete, zerkleinerte Erbsen
- 1 Msp. Salz
- 1 Msp. Pfeffer oder Galgant

Die getrockneten Erbsen in 2 Liter kaltes Wasser geben, 40 Minuten kochen und abseihen. In dem Kochwasser die frischen Erbsen und den Majoran zugedeckt aufkochen. Die Butter unter die abgeseihten Erbsen rühren, die Masse durch ein Sieb streichen und in die Suppe rühren. Mit Salz und Pfeffer würzen. Vor dem Servieren mit einem Majoranzweig verzieren.

Kräuterschmalz

- 200 g Kokosfett
- 40 g Sonnenblumenöl
- 1 Handvoll Majoranblüten
- 1 Handvoll Wermutblüten
- 1 in feine Scheiben geschnittene, geröstete Zwiebel

Das Kokosfett erhitzen bis es flüssig ist, dann das Sonnenblumenöl einrühren und von der Flamme wegstellen. Nun die Blüten und die kross gebratene Zwiebel untermischen und den Aufstrich erkalten lassen.

Majorantee

I) beruhigend

5 - 10 Prisen getrockneter Majoran auf einen Liter Wasser.

Eine Tasse vor dem Schlafengehen schenkt eine ruhige Nacht.

II) belebend

30 Prisen getrockneter Majoran auf einen Liter Wasser.

Morgens zwei Tassen trinken oder nach den Mahlzeiten, um die Verdauung und die Ausscheidung anzuregen, oder auch vor den Mahlzeiten, um den Appetit zu wecken.

Majoranöl

Äußerliche Anwendung gegen Verletzungen, Verstauchungen (für Massagen) usw.:

- 2 Handvoll getrockneter Pflanzen
- ½ l Olivenöl

I)

Beide Zutaten in ein Gefäß füllen und ½ Stunde lang im Wasserbad kochen. Anschließend wird die Flüssigkeit durch ein feines Tuch geseiht.

II)

Das Kraut mit dem Olivenöl 3 Wochen lang in einem Glasgefäß in der Sonne oder an einem warmen Ort ziehen lassen, danach durch ein feines Tuch abseihen und in eine Flasche füllen.

Majorancreme

- 10 g frischer kleingehackter Majoran
- 10 g kleingehackte Minze
- 10 g kleingehackter Salbei
- 250 g Schweineschmalz
- 10 g getrockneter pulverisierter Majoran

Ins erhitzte Schweineschmalz die Kräuter einrühren, kurz prassen lassen, vom Herd nehmen und 1 Tag stehen lassen. Danach noch einmal das Schweineschmalz erwärmen bis es flüssig ist und die Creme durch ein Tuch direkt in ein Glasgefäß passieren.

Sie wirkt schmerzlindernd bei Kopfschmerzen und ist eine „belebende" Nervencreme.

Melisse
Melissa officinalis

Bienengras, Frauenkraut, Herztrost,
Honigblatt, Immenblatt

„Melisse hat ein trefflich gute Art darmit sie das Hertz sterket und erquicket insonderheit so es in der Nacht beängstiget wirdt pochet und die Ruhe störet. Leutert das Geblüt wendet unmut un Trawigkeit (Traurigkeit) der Melancholey dienet dem kalten un gar feuchten Magen und beinahe allen innerlichen Gliedern."
(Matthiolus)

Steckbrief

Die aus dem östlichen Mittelmeerraum stammende mehrjährige Pflanze kann bis zu 1,2 m hoch werden. Die ganze Pflanze ist leicht behaart und stark verzweigt. Die herzförmigen, gezähnten Blätter leuchten in einem sanften Hellgrün. Von Mitte Juni bis August erscheinen die weißen bis hellblauen zarten Blüten.

Im Mai kann sie ausgesät werden, aber einfacher ist es, Setzlinge zu verwenden. An einem geschützten und sonnigen Platz mit lockerer leicht feuchter Erde fühlt sie sich am wohlsten.

Im Topf kann man sie ein Jahr halten, danach muss man sie in die Freiheit des Garten entlassen.

Am besten erntet man die Melisse am St. Johannis-Tag, am 24. Juni, nach dem Tau und bei trockenem Wetter. Die blühende und samenbildende Pflanze entzieht leider den Blättern viel von ihrem Geschmack. Deswegen erntet der Feinspitz vor der Blüte. Die ganze Pflanze wird an einem gut gelüfteten Ort im Schatten getrocknet. Leider verdunsten die ätherischen Öle bei längerer Aufbewahrung und so ist es ratsamer die Melisse einzufrieren oder einzulegen.

Wer Melisse im Garten oder Balkon zieht, wird das Vergnügen haben, die Bienen beim Einbringen von Nektar und Pollen beobachten zu können. Nicht umsonst bedeutet Melisse auf griechisch Honigbiene. Sie wurde schon seit 2000 Jahren in Südeuropa, westlichen Asien und Nord Afrika angebaut und ursprünglich von Imkern als Bienenweide benutzt.

Arabische Ärzte erkannten im 10. und 11. Jahrhundert ihren medizinischen Wert und der berühmte Arzt Paracelsus (1493 - 1541) nannte sie „das Elixier des Lebens".

Die Melisse enthält ätherische Öle, die einerseits antiviral sind und andererseits für den betörenden Zitronenduft verantwortlich sind.

Verwendete Pflanzenteile

- Blätter

Wirkung

- Die Melisse ist eine aromatische, beruhigende, kühlende Pflanze, die fiebersenkende, verdauungsfördernde und krampflösende Eigenschaften hat. Weiters entspannt sie die peripheren Blutgefäße und hemmt die Schilddrüsenaktivität. Auch ist sie antiviral, antibakteriell und insektenabwehrend. Also eine Pflanze mit vielen Eigenschaften.
- Neben der entspannenden Wirkung bei Magenkrämpfen ist auch ihre gallenbildende Eigenschaft für die Verdauung von Vorteil.
- Sie beendet das schmerzhafte oder Angst erzeugende krampfhafte Zusammenziehen der Organe, sei es des Herzens, des Kreislaufsystems im allgemeinen, des Nervensystems oder des Atmungssystems.
- Das Öl der Melisse kann auch bei Allergien und Ekzemen Erleichterung verschaffen, da es ein Antihistaminicum ist.
- Noch dazu ist sie menstruationsfördernd und wirkt den Menstruationsschmerzen entgegen.
- Ihr heißer Tee ist schweißtreibend und hilft bei Erkältung und Grippe.
- Äußerlich angewendet, ist die Pflanze, zerdrückt oder in Lotionen, ein unfehlbares Mittel gegen Neuralgien, Rheumaschmerzen, Quetschungen und Wunden, deren Vernarben sie beschleunigt.

Küchen- und Heilrezepte

In der Küche findet sie in süßen Saucen, bei Fisch, Pilzen und Weichkäse Verwendung. Ihr luftiger, erfrischender und leicht zitronenartiger Geschmack führt zu einer besonderen Note bei Bowlen und Kräuterbieren. Eine kleine Zugabe in den Karottensalat verwandelt diesen in eine Delikatesse. Außerdem machen sich einige Melissenblättchen auf vielen Obstkuchen optisch und geschmacklich sehr gut. Spinat, Krautgerichte, Suppen und Gemüseeintöpfe danken die Zugabe von frischen Melissenblättern mit hervorragendem Geschmack. Eierspeisen, Bratkartoffel und sauer Eingemachtes vertragen diese Würze auch gut.

Süßer Melissentopfen (Melissenquark)

- ½ kg Topfen (Quark)
- 20 g gemahlene Mandeln
- etwas Vanille
- Ahornsirup oder Honig nach Geschmack
- ⅛ l Obers (Sahne)
- 2 - 3 EL fein gewiegte Melisse

Den Topfen mit dem Obers cremig rühren, Mandeln, Melisse und Vanille darunter mischen und mit der gewünschten Süße abschmecken. Die Creme noch ½ Stunde ziehen lassen, in Portionsgläser füllen und mit einem Melissenblatt garnieren.

Melissensaft

- 15 - 20 Zweiglein Zitronenmelisse
- 4 kg Rohrzucker oder Honig
- 2 ½ l warmes abgekochtes Wasser
- 70 g Zitronensäure
- 4 ungespritzte Orangen
- 2 ungespritzte Zitronen

Die sauberen Zweige in ein großes Gefäß, am besten aus Steingut, legen. Darüber stapelt man die in Scheiben geschnittenen Zitrusfrüchte und streut die Zitronensäure darauf. Das Süßmittel im warmen Wasser auflösen und in den Topf gießen. Diese Mischung zwei Tage lang an einem kühlen Ort ziehen lassen und hin und wieder umrühren.

Den köstlichen Saft abseihen und ihn in saubere, mit Alkohol ausgespülte Flaschen füllen.

Dieser konzentrierte Saft wird vor dem Genuss mit Wasser im Verhältnis von 1:6 - 1:10 aufgespritzt.

Nach dem selben Rezept kann auch ein Pfefferminzsaft hergestellt werden.

Melissenauszug

- 4 Handvoll frische Melissenblätter
- 1 Handvoll frische Pfefferminzblätter
- 1 l Obstbrand

Die Kräuter werden mit dem Alkohol übergossen und zwei Wochen in der Sonne oder in einem warmen Raum stehen gelassen, dann seiht man ab.

Man nimmt nicht mehr als 2-3 mal tgl. 15-30 Tropfen in Wasser oder auf einem Stück Zucker.

Melissenwasser

Es wird bei Verdauungsstörungen, Blutarmut, Gedächtnisschwäche, Übererregbarkeit usw. angewendet. Es kann sowohl äußerlich wie innerlich verwendet werden.

Dosierung: Für Erwachsene zweimal tgl. einen Kaffeelöffel in Wasser, Milch oder Honig; für Kinder tgl. ein einziges Mal 15 Tropfen auf ein Stück Zucker.

I)

- 1 Handvoll halbtrockener Melisse
- 1 Zitronenschale
- 10 Prisen Muskatnuss
- 10 Prisen Koriander
- 10 Gewürznelken
- 10 Prisen Zimt
- 1 l Branntwein

Alle Zutaten im Alkohol ansetzen und eine Woche lang im Schatten ausziehen lassen. Das Präparat muss nach dem Filtrieren in einer luftdicht verschlossenen Glasflasche aufbewahrt werden.

II)

- 3 Handvoll getrockneter Melisse
- 5 Prisen Engelwurz
- 1 Handvoll Koriander
- 10 Prisen Zimt
- 1 Zitronenschale
- 1 l 45 % Alkohol
- 10 Prisen Muskatnuss
- 3 Gewürznelken

Melisse, Zitronenschalen und Engelwurz lässt man eine halbe Woche lang im Schatten ziehen und filtriert dann ab. Dem gefilterten Präparat wird erst jetzt der Koriander, die Muskatnuss, der Zimt, und die Gewürznelken hinzugefügt. Nach 48 Stunden wird ein zweites Mal gefiltert und danach das Präparat luftdicht verschlossen aufbewahrt.

Melissenwein

- 1 Handvoll Melissenpflanzen
- 1 l Weißwein

Die Melisse wird einen Tag lang bei milder Temperatur (30°- 40° C) im Wein eingelegt.

Nerventee

- 1 Teil Melisse
- 1 Teil Johanniskraut

1 TL der Mischung wird mit 1 Tasse Wasser überbrüht. 2 - 3 Tassen pro Tag trinken.

Minze
Mentha sp.

Steckbrief
Die Maid Mintha hatte mit Hades eine Liaison. Demeter, die Gattin von Hades, nahm ihr das sehr übel und zermalmte daraufhin Mintha unter ihren Füßen. An der Stelle ihres Todes im Garten der Venus wuchs nach dieser schändlichen Tat eine zarte, unaussprechlich fein duftende Pflanze, die Minze. Soweit zur sagenhaften Entstehungsgeschichte der Minze.

Mentha spicata, eine leuchtend grüne Minze, war schon bei den Römern ein beliebtes Gewürz.

Die Minze ist in Europa heimisch. Die bis zu 60 cm großen, stark wuchernden und ausdauernden Pflanzen tragen ab Juni ährige rosa Blüten. An dem von ihr verströmenden Duft kann man wilde Minze leicht erkennen und gefahrlos sammeln.

Setzlinge der Pfefferminze können ab Mai an einem schattigen Platz in den Garten gepflanzt werden. Eine nährstoffreiche und feuchte Erde wird das Pflänzchen mit gutem Gedeihen lohnen. *M. aquatica* bevorzugt wie der Name schon sagt einen Standort am Wasser. *M. pulegium*, *M. diemenica* und *M. requienii* haben es lieber trokken und wachsen zwischen Platten und an Wegesrändern. Überlegen Sie sich gut wo die Minze im Garten wachsen soll, denn sie wird dort immer wieder wachsen, so gründlich Sie auch jäten.

Kann man Minze nur im Topf ziehen, so muss sie den Winter über an ein Fenster im Haus.

Ab Juni kann man die frischen Blätter ernten. Sie eignen sich auch gut zum Trocknen, sollten aber in Schraubgläsern aufbewahrt werden.

Verwendete Pflanzenteile
- Blätter
- Öl

Wirkung
- Die Minze ist verdauungsfördernd und wirkt während des langen Weges durch die Eingeweide regulierend auf die Funktionen von Magen, Leber, Galle und Darm. Sie bekämpft Luftschlucken, Magenkrämpfe, Leberbeschwerden, Darmparasiten und Dickdarmentzündungen.
- Ihr Menthol macht sie antiseptisch (wirkt gegen Bakterien und Parasiten). Es kühlt und betäubt, wenn es auf die Haut gebracht wird, und erhöht die Blutzufuhr, der damit behandelten Stelle.

- Inhalationen von Pfefferminztee oder dem Pfefferminzöl helfen bei Katarrh der oberen Atemwege und Bronchien. Das Öl heilt auch Geschwüre und Entzündungen. Äußerlich angewendet vermindert es örtlich Schmerzen und ist so hilfreich bei Kopfschmerzen oder neuralgischen Schmerzen.
- Die Pfefferminze fördert weiters die Konzentrationsfähigkeit und regt Herz und Nervensystem an. Die anregende Wirkung kommt nur bei höherer Dosierung zustande, in niedriger Dosierung wirkt sie beruhigend und Schmerz betäubend.
- Durch ihre krampflösende und schmerzstillende Eigenschaft beseitigt sie auch alle nervösen Leiden, wie z.B. nervöses Herzklopfen. Außerdem trägt die Minze dazu bei, dass alle durch Krämpfe, Schmerzen und nervöse Unrast aufkommenden, hypochondrischen oder seelischen Einstellungen ebenfalls wesentlich bis gänzlich zum Abklingen kommen.
- Bei Augenerkrankungen kann die Poleiminze Abhilfe schaffen.
- Milchaufguss von Minzeblättern getrunken bewirkt, dass der stillenden Mutter die Milch in der Brust nicht gerinnt und verhindert so die Bildung von Milchknoten. Ebenso kann mit der grünen Minze eine schmerzhafte Regelblutung erleichtert werden.
- Außerdem reguliert die Minze die Sexualfunktion bei Mann und Frau und findet in sehr vielen Liebestränken Verwendung.

! Aufgepasst

Das Öl darf nicht über einem längeren Zeitraum inhaliert oder bei Säuglingen angewendet werden!

Der ständige Genuss von Pfefferminztee löst eine ungünstige Wirkung auf das Herz aus. Daher nach 8 - 12 Tagen die Kur unterbrechen und sie nach einer Woche Abstinenz nur bei Bedarf weiterführen.

Schwangere sollen von den Minzen *Mentha pulegium* und *diemenica* und ihrem Öl Abstand halten, da sie die giftige und übelriechende Verbindung Pulegon enthalten, die Fehlgeburten verursachen kann!

Küchen- und Heilrezepte

Ihr frischer, feiner Geschmack macht sie ideal zur Verfeinerung von Lammgerichten, Sommergemüse und zu Obst (auf einem Obstkuchen an der Seite von Erdbeeren, Bananen usw. bringt sie eine pfiffige Note hinein). In der arabischen und mediterranen Küche wird sie zum Veredeln von Tomatensalat und Linsensuppe verwendet.

Die englische Küche ist für ihre Minzsauce berühmt und berüchtigt. Diese ist einer der wenigen kulinarischen Genüsse aus England, der Eingang in die französische Küche fand. Außerdem ist Minze ein Bestandteil des „Essigs der vier Diebe“ (s. Salbei).

Zum Würzen wird sie genauso wie die Melisse verwendet.

Minzesauce

- ca. 50 g Minze
- 25 g brauner Rohrzucker
- 15 cl Essig
- 4 EL Wasser
- Salz
- Pfeffer

Die feingehackte Minze wird mit den anderen Zutaten vermengt, in eine Sauciere gefüllt und zum warmen oder kalten Lammbraten gereicht.

Italienische Tomatensuppe

- Olivenöl
- 2 gehackte Zwiebeln
- 1 Knoblauchzehe
- ½ - ¾ kg Tomaten
- 1 Bündchen Petersilie
- ½ Bündchen Basilikum
- einige Pfefferminzblättchen
- Salz
- Pfeffer
- 150 - 200 g Reis
- geriebener Parmesankäse
- etwas Brot
- 1 ½ l Bouillon

Im heißen Öl Zwiebeln, Tomaten, Kräuter andünsten, würzen, mit Bouillon 25 Minuten bei linder Hitze kochen. Reis gesondert kochen, der Suppe zufügen, Brot in Würfelchen schneiden, in Butter rösten. Gesondert mit dem Parmesankäse zur Suppe servieren.

Arabischer Minzetee

- 3 TL grüner Tee (Gunpowder)
- 2 Zweiglein frische Pfefferminze oder 2 Tl getrocknetes Kraut
- 20 g Rohrzucker
- 1 l Wasser
- 2 EL Pignoli

Den Grüntee übergießt man mit ein wenig (100 ml) kochendem Wasser und lässt ihn 1 Minute ziehen. Den ersten Aufguss schüttet man weg (zu bitter) und macht nun einen zweiten Aufguss mit dem grünen Tee und dem Pfefferminzkraut zusammen, dabei verwendet man das restliche Heißwasser und lässt alles 5 Minuten ziehen. In den abgeseihten Tee gibt man nun den Zucker und die Pignoli.

Das ist der typische Verhandlungstee in einem arabischen Bazar, der dem potentiellen Kunden vom Geschäftsinhaber angeboten wird.

Pfefferminzlikör

- 15 Stängel Pfefferminze
- 1 l klarer Schnaps
- ½ l Wasser
- ½ kg Zucker oder Honig
- geriebene Schale einer ungespritzten Zitrone

Die abgewaschene Pfefferminze grob hacken, in ein großes Glas füllen und mit dem Schnaps übergießen. Zwei Wochen an einem warmen Ort oder in der Sonne ziehen lassen, dann Zitronenschale beifügen und weitere zwei Tage ziehen lassen.

Das Wasser mit dem Zucker aufkochen. Das Pfefferminz-Schnapsgemisch durch ein Tuch abseihen und das inzwischen abgekühlte Zuckerwasser hinzufügen. Einen Tag ziehen lassen, danach in Flaschen füllen und drei Monate rasten lassen. Jetzt erst ist der erfrischende und kräftigende Likör zum Trinken geeignet.

Mischtee bei Gallenleiden mit Magenbeschwerden

- 1 Teil Minze
- 1 Teil Kamille
- 1 Teil Wermut

1 TL der Mischung mit 1 Tasse Wasser überbrühen und 2 - 3 Tassen tagsüber schluckweise trinken.

Pulver zur Behandlung von entzündeten Nasenschleimhäuten

- 9 g getrocknete Pfefferminze
- 3 g Borax
- 1 g Borneol (ein kristalliner Alkohol)

Gemeinsam werden die Zutaten zu einem feinen Pulver vermahlen. Davon 3 mal tgl. eine kleine Menge schnupfen.

Minzen-Honig bei Augenproblemen und Sehschwäche

- 2 TL pulverisierte Poleiminze
- 1 Schnapsglas Weinessig
- 1 Schnapsglas Bienenhonig

Alle Zutaten gut vermischen und vor den Hauptmahlzeiten je 1 TL voll nehmen.

„Glückstee“

- 1 Teil Minze
- 1 Teil Lindenblüten
- 1 Teil Eisenkraut
- 1 Teil Kamille

1 EL der Teemischung mit ¼ l kochendem Wasser überbrühen. 5-7 Minuten ziehen lassen und den wohlschmeckenden Tee trinken.

Er wirkt wie Balsam für die Seele, wenn man an Nervosität, Schlaflosigkeit oder Angstzuständen leidet.

Bademischung nach Valnet

- 10 Teile Pfefferminze
- 10 Teile Rosmarin
- 5 Teile Oregano (Dost)
- 4 Teile Wacholderzweige
- 2 Teile Gewürznelken
- 1 Teil Muskatnuss

Die zerkleinerten Zutaten vermischen, davon zwei Handvoll 10 Minuten in 2 Tassen Wasser kochen und danach abseihen. Dem Badewasser nun den Absud zusetzen.

Diese Mischung wirkt vitalisierend und erfrischend. Außerdem regt das zart parfümierende Bad die Haut an und macht sie für Liebesfreuden empfänglicher.

Muskatnuss
Myristica fragrans

„Und wenn ein Mensch die Muskatnuss isst, öffnet sie sein Herz, reinigt seinen Sinn und bringt ihm guten Verstand.“
Hildegard von Bingen

Steckbrief

Der immergrüne, buschige, tropische Muskatnussbaum erreicht eine Höhe von 10 - 20 m, stammt ursprünglich von den Molukken und wird jetzt in Südamerika, Ostafrika und Indonesien kultiviert. Aus den blassgelben Blüten entwickeln sich die so begehrten Früchte. Diese sind fleischig, gelb und rund. In sich bergen sie den fetten und geschmackvollen Samen.

Die Muskatnuss ist der Kern der Frucht. Der den Kern umhüllende, getrocknete, dünne Samenmantel kommt als „Muskatblüte“ (Macis) in den Handel. Dieser ist in frischem Zustand leuchtend rot, verliert aber beim Trocknen seine Farbe und vergelbt. Die „Macis“ ist teurer als die Nuss und im Aroma feiner und edler.

Seit spätestens 600 n. Chr. wird sie in der traditionellen chinesischen Medizin verwendet. Im Mittelalter wog man noch eine Muskatnuss mit einem halben Dutzend Zugochsen auf. Erst nachdem 1512 die Portugiesen die Molukken eroberten, wurde die Ware billiger. Die eifrigen Kaufleute wussten nun ihre Monopolstellung zu nützen, warben für die Muskatnuss als Stärkungsmittel und importierten mit hohem Gewinnen die ersehnte Ware. Später übernahmen die Holländer den Handel und ließen, um einem Preisverfall entgegenzuwirken, „junge Muscaten – als (auch) Nägel-Bäumgen ausrotten, übern Haufen schmeißen und gleich unsern unnützen Dornensträuchern auf den Wiesen verbrennen“ (Georg Meistern).

Verwendete Pflanzenteile

- Samen
- Samenmantel (Macis)

Wirkung

- Die Muskatnuss ist bitter und zusammenziehend. Sie eignet sich hervorragend als Verdauungstonikum, denn sie hemmt Erbrechen und Übelkeit, hilft bei Blähungen, Krämpfen sowie bei Seekrankheit.
- Milz, Magen und Dickdarm werden von ihr gestärkt.
- Sie kräftigt auch den Unterleib der Frau.
- Bei Traurigkeit, Trägheit, zur Belebung abgestumpfter Sinne und bei Nervenleiden wird sie ebenfalls eingesetzt. Auf neurovegetative Störungen und Neurosen hat die Muskatnuss einen günstigen Einfluss.

- Außerdem ist sie bei Migräne und Kopfschmerzen hilfreich. Dazu vermengt man 1 Teil gemahlene Muskatnuss mit 1 Teil Staubzucker und schnupft die Mischung durch die Nase ein.
- Und nicht zuletzt wirkt sie blutreinigend.

! Aufgepasst

Größere Mengen (7 - 8 g) von Muskatnuss erzeugen aufgrund des Myristizin, ein Ölbestandteil, Halluzinationen, Herzjagen, Magenschmerzen, Übelkeit und Erbrechen. Bei einer noch höheren Dosis kann der Konsum sogar zum Tod führen! Daher nur sparsam verwenden!

Küchen- und Heilrezepte

Die Muskatnuss hat einen leicht herben bis ein bisschen bitteren Geschmack. Ganze Nüsse, die man nur bei Bedarf reibt, haben das intensivere Aroma, denn aus dem gemahlenen Muskatnusspulver verduften die Geschmacksstoffe schnell.

Backwaren, Puddings, Fleischgerichte, Gemüse, Käse, Saucen und Pastas: Sie alle vertragen eine Prise Muskatnuss.

Nervenkekse (Intelligenzkekse)

Je nach Größe der Kekse nur 4 - 8 Stk. pro Tag essen!

Gewürzmischung für die Kekse: (auch im Handel erhältlich)

- 45 g Muskatnusspulver
- 45 g Zimtpulver
- 10 g Gewürznelkenpulver

Zutaten

- 250 g feines Dinkelmehl
- 120 g Butter
- 80 g Honig
- 1 EL Sojamehl
- 2 TL Backpulver
- 25 g Gewürzmischung
- 1 Prise Salz
- 1 Ei

Das Mehl wird mit Sojamehl, Backpulver und Gewürzen vermischt, dann bröselt man die Butter darunter und verknetet alles mit den übrigen Zutaten zu einem glatten Teig. Auf einem gefetteten Backblech werden sie bei ca. 180° 10-15 Minuten gebacken.

Schlafmilch

- 1 Tasse Milch
- 1 Msp. frisch geriebene Muskatnuss
- 1 TL Mandelmus
- 1 TL Honig

Die Milch erwärmen und dann alles unterrühren. Dieses warme Getränk eine Stunde vor dem Schlafengehen schlürfen und Morpheus entführt Sie garantiert ins Land der Träume.

Suppe für Nervenleiden

- 30 g Muskatnusspulver
- 60 g Galgantpulver
- 20 g zerstoßene Schwertlilienwurzel
- 20 g zerstoßene Wegerichwurzel
- Salz
- ½ l Wasser

Die Kräuter gründlich mischen und jeweils 1 EL der Kräutermischung auf ½ l Wasser geben. Die Suppe 10 Minuten kochen und mit Salz abschmecken.

Von dieser Suppe 2 mal täglich einen Teller voll essen. Die Suppe muss jeden Tag frisch zubereitet werden.

Mittel gegen schweres Erbrechen

Ein Eigelb, das mit Muskatnuss überstaubt ist, wird in Öl gegart und dem Kranken noch heiß verabreicht.

Petersilie
Petroselinum crispum

Bittersilche, Federselli, Peterwurz, Silk

Steckbrief

Petersilie galt in der Antike als Symbol der Wiedergeburt. In ihr soll die Kraft vorhanden sein, neues Leben einzuhauchen.

Gleichfalls soll sie Kraft, Intelligenz und Geschicklichkeit verleihen. In der Römerzeit erhielten daher die Gladiatoren zu ihrem letzten und öffentlichen Mahl vor dem Kampf auf Leben und Tod zur Belustigung des Plebs Unmengen von Petersilie.

Weniger blutig ist ihre Beliebtheit als Gartenpflanze, der schon die Römer frönten. Besonders die krausblättrige Petersilien mit ihrem leider minderwertigen Geschmack war und ist der Renner für Beete und Tongefäße.

In ganz Europa ist die Petersilie heimisch. Dieses zweijährige Doldengewächs hat eine lange, fleischige Pfahlwurzel und feingefiederte Blätter. Im ersten Jahr treiben nur die Blätter aus, erst im zweiten Lebensjahr blüht sie gelb und bildet Samen aus. Man unterscheidet Blatt- und Wurzelpetersilie.

Im April wird sie in humoser, mäßig feuchter Gartenerde in sonnigen bis halbschattigen Lagen ausgesät. Auch in Töpfen gedeiht sie anstandslos und kann jederzeit angepflanzt werden. Nur die Blätter der erstjährigen Pflanze sind verwendbar und können ständig frisch geerntet werden.

Wem das Keimen der Samen zu lange dauert (3 - 4 Wochen), der kann ein wenig nachhelfen, indem er die Samen vor dem Säen in heißem Wasser einweicht.

Verwendete Pflanzenteile

- Blätter
- Samen
- Wurzel

Nährstoffgehalt auf 100 g

Calcium 1000 mg
Kalium 1000 mg
Vitamin A 12.100 I.E.
Vitamin E 2,7 mg
Niacin 2,8 mg
Eisen 8 mg
Kupfer 0,5 mg
Vitamin C 166 mg
Folsäure 170 µg

Wirkung

⊙ Bitter, aromatisch und harntreibend ist die Petersilie. Sie löst Krämpfe, hemmt Entzündungen, entgiftet und regt das Verdauungssystem sowie den Uterus an.

- Die Petersilie weckt den Appetit und hilft bei Verdauungsstörungen oder Koliken. Das Kauen von Petersilienblättern reinigt außerdem den Atem (z.B. nach Knoblauchgenuss).
- Auf Grund ihres Nährstoffgehalts eignet sie sich für Blutarme, Apathische und Genesende, und für alle jene, denen es an Energie und Spannkraft mangelt. Nicht nur Vitamine und Mineralstoffe sind dafür verantwortlich. Das Apigenin, ein Flavonoid, ist ein wirksames Antioxidans und mildert allergische Reaktionen.
- Sie wirkt fiebersenkend und hilft dem Körper bei der Giftausscheidung.
- Da sie stark entwässernd ist, hilft sie bei Harnwegsinfektionen, Blasen- und Nierensteinen, bei Wassersammlungen im Gewebe, sowie bei Gicht (unterstützt Ausscheidung von Harnsäure), Arthritis und Rheumatismus. Ihr frischer Saft beruhigt Reizungen der Nieren, der Harnblase und der Harnwege, wenn man nur wenig von ihm einnimmt. Dieselbe Wirkung hat der Tee der Petersilienwurzel.
- Petersilie steigert die Muttermilchbildung und stärkt die Uterusmuskeln (die Wurzeln und Samen wirken Uterus zusammenziehend). Sie wirkt nach dem Abstillen, äußerlich aufgelegt, Milch vertreibend.
- Außerdem ist die Petersilie wirksam gegen entzündete Augen, Bindehautentzündungen und Infektionen der Augen und lindert zugleich die damit verbundenen Schmerzen.
- Weiters wird sie angewendet bei Herzschmerzen, Milzschmerzen, Melancholie, Depressionen, Einschlafschwierigkeiten und zur unterstützenden Behandlung nach einem Herzinfarkt.
- Die Abkochung von Samen und Wurzel ist ein Haarwuchsmittel.

! Aufgepasst

Sie ist in normaler Dosierung unbedenklich, aber in Überdosierung ruft Petersilie Nierenreizungen, sowie Reizungen des Magen-Darmtraktes hervor!

Konzentrierte Petersilie ist nichts für Nierenkranke und Schwangere!

Küchen- und Heilrezepte

Gern und zu recht ist sie ein viel verwendetes Gewürz, das roh zur Verzierung auf Speisen gestreut wird. Denn Petersilienblätter sollten nie gekocht werden, da sie ihr Aroma dabei fast völlig verlieren. Lediglich ein kurzes Anbraten in Olivenöl oder ein sanftes Dünsten vertragen sie ohne Einbuße. Das Petersiliengrün ist Bestandteil der Gewürzmischung „Bouquet garni“ und „Fines herbes“.

Die Petersilienfrüchte sind sehr aromatisch, werden aber kaum in der Küche eingesetzt. Sie harmonieren jedoch wunderbar mit Gemüse und Hülsenfrüchten und sind sehr stark harntreibend.

Bouquet garni

- 2 Zweiglein Thymian
- 2 Stängel Majoran
- 1 kleiner Bund Petersilie
- 1 Lorbeerblatt

Die Kräuter werden mit einem Baumwollfaden zusammen gebunden. Nach dem Dünsten oder Simmern entfernen.

Fines herbes

- 4 EL frische Petersilie
- 2 EL Kerbel
- 2 EL Schnittlauch
- 2 TL Estragon

Diese frisch feingehackten Kräuter werden vermengt und sofort verwendet.

Petersiliensauce

- 1 EL frisch gehackte Petersilie
- 300 ml Milch
- 1 Prise Salz
- 4 EL Mehl
- 2 EL Butter
- 1 Prise Pfeffer oder Galgant

Das Mehl kurz in der Butter anschwitzen, den Topf vom Herd nehmen und mit etwas Milch ablöschen. Nun die restliche Milch unterrühren, mit Salz und Pfeffer abschmecken. Nochmals kurz aufkochen und danach die Petersilie einrühren.

Diese Sauce passt sehr gut zu Fisch.

Petersilien-Honig-Wein (Herzwein)

- 10 Stk. Petersilienstängel mit Kraut
- 300 g Honig
- 1 - 2 EL Weinessig
- 1 l Wein

Die Petersilie im Wein-Essig-Gemisch auf kleiner Flamme 10 Minuten lang kochen (Achtung es schäumt!). Jetzt fügt man den Honig bei und lässt alles noch einmal ca. 5 Minuten auf kleiner Flamme köcheln. Den heißen Herzwein abseihen und noch heiß in Flaschen füllen, die mit etwas starkem Alkohol ausgespült worden sind. Gut verschließen.

2 - 3 mal tgl. 1 - 3 Likörgläser voll trinken.

Pfeffer
Piper nigrum

Steckbrief

Diese in den Tropen beheimatete, ausdauernde, holzige Kletterpflanze kann bis zu 7 m hoch werden und gedeiht nur im feucht warmen Klima. Nach drei Jahren trägt sie zum ersten Mal die 8 - 10 cm langen Blütenähren, aus denen die erbsengroßen Beeren reifen. Das ganze Jahr über trägt sie Früchte. Pfeffer lässt sich aber nur vegetativ (ungeschlechtlich, d.h. nicht durch die Früchte, sondern durch Schösslinge) vermehren.

Wie wird der Pfeffer weiß, schwarz oder sogar grün?

Alle diese Farben kommen durch die Früchte ein und desselben Strauches zustande. Pflückt man die Früchte unreif und legt sie sofort sauer ein, so werden sie grün. Werden sie ebenso vor der Reife geerntet und aber getrocknet, so erhält man grüne und schwarze Pfefferkörner. Nur die reifen Körner werden durch eine Woche fermentieren zu weißen Pfeffer.

Der rote Pfeffer stammt von *Schinus terebinthifolius*. Die roten Körner findet man aber nur in dekorativen Pfeffermischungen, sie schmecken lediglich nach Harz und stellen keine kulinarische Bereicherung dar.

So billig wie heute konnte man früher den Pfeffer nicht haben. Zur Zeit des Westgotenkönigs Alarich war er eins der wertvollsten Gewürze. Der Gote forderte, als er vor den Toren Roms stand (410 n. Chr.), riesige Mengen Pfeffer als Lösegeld. Vielleicht war das eines dieser Ultimaten, die sowieso niemand erfüllen kann. Jedenfalls lieferten ihm die Römer nicht das Gewünschte und so eroberte er ihre Hauptstadt.

Heute ist der Pfeffer nicht mehr so wertvoll, beherrscht aber dennoch den Gewürzhandel, denn er macht ¼ des weltweiten Handels aus.

Der Pfeffer ist reich an ätherischen Ölen besonders dem Piperidinalkaloiden.

Verwendete Pflanzenteile

- Beeren

Wirkung

- Der Pfeffer ist scharf, aromatisch und wärmend. Er kann Fieber senken und die Verdauung verbessern.
- Er fördert die Tätigkeiten von Magen und Darm, sowie die Magensäure- und Speichelsekretion, außerdem ist er blähungswidrig. Bei durch Verdauungsstörungen bedingtem Durchfall findet er in der traditionellen chinesischen Medizin Einsatz.
- Weiters hat er schweißtreibende und harntreibende Eigenschaften. Nierenentzündungen können ebenfalls mit ihm behandelt werden. Nierenkranke sollten grünen Pfeffer bevorzugen, da er milder ist.

- Darüber hinaus reizt Pfeffer Nase, Augen und Haut.
- Er hat auch eine antibakterielle und kräftigende Wirkung.

Küchen- und Heilrezepte

Schwarzer Pfeffer ist aromatischer als weißer und grüner. Dafür hat weißer Pfeffer einen zarteren Geschmack. Grüner Pfeffer hat weniger Schärfe als schwarzer.

Mit Pfeffer kann man fast jede Speise, ausgenommen natürlich klassische Süßspeisen, würzen. Man denke nur an das obligatorische Salz und Pfeffer in jedem Restaurant. Natürlich gilt, dass man nicht jedes Gericht damit zu Tode würzen sollte, wie es oft passiert. Ein Hauch davon genügt oft schon.

Am besten mahlt man ihn für jedes Gericht frisch in der Pfeffermühle, da sich das Aroma bei im voraus gemahlenem Pfeffer rasch verflüchtigt. Mit ganzen Pfefferkörnern verfeinert man Eintöpfe, Saucen, Marinaden, Brühen und sauer Eingelegtes.

Die Pfefferwirkstoffe sind nicht lange hitzebeständig, aus diesem Grund veredelt der Küchenprofi erst kurz vor dem Garwerden ein Gericht mit Pfeffer.

Zwiebel-Salat

- ½ kg gleichmäßig große Zwiebeln
- Olivenöl
- Weinessig
- Salz und Pfeffer

Zwiebeln schälen und halbweich dünsten. In Scheiben schneiden, salzen, pfeffern, mit Öl und wenig Essig übergießen.

Eine hervorragende Zuspeise zu kräftigem Fleisch.

Pfeffernüsse

- 250 g Roggenmehl
- 250 g Weizenmehl
- 80 g geriebene Hasel- oder Walnüsse
- 2 EL Sojamehl
- 2 TL Zimt
- 2 TL Nelken
- 1 TL Anis
- 1 TL gemahlener Koriander
- 1 Msp. Piment
- 1 Msp. weißer Pfeffer
- 400 g Honig
- Schale einer Zitrone
- 12 g Pottasche
- 1 dl Wasser

Zum Füllen

- 120 g gemischte feingehackte Trockenfrüchte (Feigen, Datteln, Marillen, Zwetschken)

Zum Bestreichen

- 1 Eiweiß

Die Mehle mit den Nüssen, Sojamehl, den fein gemahlenen Gewürzen und der Zitronenschale mischen. Honig in die zerlassene Butter einrühren und unter das

Mehlgemisch mengen. Die im Wasser aufgelöste Pottasche ebenfalls dazugeben und alles zusammen zu einem Teig kneten.

Diesen mit einem Tuch bedeckt 3 - 6 Tage stehen lassen.

Nach der Rastzeit vom Teig kleine walnussgroße Stückchen abdrehen, mit den Trokkenfrüchten füllen und ein wenig flache Kugeln daraus formen. Diese auf ein befettetes Backblech legen und bei 150° C 15 - 20 Minuten backen.

Die Pfeffernüsse dürfen dabei nicht zu dunkel werden und müssen schön weich bleiben.

Gewürzmischung

- 6 g weißer Pfeffer
- 2 g Kreuzkümmel
- 1 g Bockshornklee

Vor Gebrauch alles zusammen fein mahlen.

Diese Mischung der Hildegardküche passt nicht nur zu Salatsaucen, Suppe, Käsebroten und Topfen sondern auch zu Fleisch- und Fischgerichten.

Rezept bei Krämpfen durch Kalziummangel

- 20 Körner weißer Pfeffer
- 2 Eierschalen

Gemeinsam lässt man sie im Backofen leicht braun werden, mahlt sie zu Pulver, vermengt dieses gut und teilt es in 14 gleiche Portionen auf.

Zwei Wochen lang nimmt man je eine Pulverportion mit abgekochtem Wasser ein.

Rezept bei Durchfall

- 1 g frisch gemahlener weißer Pfeffer
- 9 g Traubenzucker

Beide Zutaten gründlich mischen.

Kinder unter einem Jahr bekommen davon 3 mal tgl. 0,3 - 0,5 g, Kinder zwischen ein und drei Jahren 0,5 - 1,5 g. Die Behandlung dauert drei Tage.

Pfefferei bei Nierenentzündung

- 1 Ei
- 7 Pfefferkörner
- etwas Mehl

In das Ei ein kleines Loch bohren und dadurch die Pfefferkörner in das Innere des Eis befördern. Die Öffnung mit Mehl verschließen und das Ei in ein nasses Papier gehüllt am Dampfeinsatz garen.

Erwachsene bekommen täglich zwei Eier, Kinder nur eins. Nach 5 Tagen die Behandlung für 3 Tage aussetzten und nachher wieder 5 Tage Pfeffereier essen. Bei Bedarf kann diese Kur wiederholt werden.

Piment
Pimenta dioica

Allspice, Nelkenpfeffer, Neugewürz

Steckbrief

Die Samen und aromatisch duftenden Blätter werden seit altersher in der indianischen Küche und Medizin verwendet.

Piment war das erste Gewürz aus der „Neuen Welt", das durch die Spanier im 16. Jahrhundert nach Europa geschifft wurde. Schon früh wurde sein 'gemischter' Geschmack bemerkt. Der Botaniker John Ray (1627-1705) beschrieb es als Kombination aus Gewürznelke, Zimt und Muskatnuss, daher verlieh er der Frucht den Namen Allspice (= „Alleswürzer").

Der Baum selbst wird bis zu 12 m groß und wächst nur in den Tropen. Die weißen Blüten verwandeln sich in grüne, runde Früchte, die beim Reifen rot werden. Sobald sie in der Sonne getrocknet werden, färben sie sich braun. Die getrockneten Beeren werden vermahlen und kommen unter dem Namen Piment in den Handel. Für die Frische und Intensität des Aromas ist es besser, die getrockneten Beeren selbst zu reiben.

Verwendete Pflanzenteile

- Blätter
- Beeren

Wirkung

- Das scharfe und wärmende Piment fördert die Verdauung, stärkt das Nervensystem und wirkt lokal als Antiseptikum und Narkosemittel.
- Piment hat als Gewürz die Fähigkeit, Blähungen zu verhindern. Es erhöht auch die Speichelabsonderung. Das Öl ist antiseptisch, leicht betäubend, appetitanregend und hat auf den Darm eine reinigende und desinfizierende Wirkung; es verbessert allgemein die Verdauung.
- Pimentkörner können wie Gewürznelken bei Zahnschmerzen gekaut werden.
- Eine Mischung von gemahlenen Piment mit Honig wird zur Vorbeugung und Heilung von Erkältungen verwendet.
- Eine Abkochung der Früchte und Blätter wird bei Kopfschmerzen und Rheumatismus äußerlich angewendet.
- Die Blätter des Strauches wurden von den Mayas bei Zahnschmerzen, Verdauungsproblemen, Bauchschmerzen und Appetitlosigkeit gekaut.

Küchen- und Heilrezepte

Normalerweise verwendet man Piment in Kuchen und Keksen, besonders in weihnachtlichen Leckereien. Aber auch zum Würzen von pikanten Speisen eignet es sich hervorragend. In der Kürbispastete sollte es zum Beispiel keinesfalls fehlen. Mit dem „Neugewürz" lassen sich auch Fisch, Wild, Saucen, Suppen, Eintöpfe, Spinat und sauer Eingemachtes verfeinern. Heißer Punsch, sowie heiße Schokolade werden in ihrem Aroma bereichert, wenn man eine Prise Piment zufügt. Schon die Indianer mengten gemahlene Pimentsamen dem Kakao bei.

Es ist aber auch Vorsicht geboten, da mit Piment leicht überwürzt werden kann. Daher sparsam verwenden!

Stachelbeersauce

- ¼ kg nicht ganz reife Stachelbeeren
- 1 - 2 EL Mehl
- 1 Prise Salz
- 4 EL Obers
- 1 Säckchen mit ein paar Pimentkörnern
- 1 Prise frisch gemahlener Pfeffer

Die Beeren in wenig Wasser dünsten und dann passieren. Nun das mit Obers verrührte Mehl zufügen, kurz kochen und dabei das Säckchen mit den Pimentkörnern dazugeben. Während des Kochens immer wieder probieren und wenn der gewünschte Geschmack erreicht ist, die Pimentkörner entfernen. Nun die Sauce mit Salz und Pfeffer abrunden.

Diese köstliche Sauce harmoniert hervorragend mit Wild, Fisch und kaltem Braten.

Heiße Tee-Bowle

- 200 g Dörrzwetschken
- 1 Msp. Piment
- ½ Vanilleschote
- 1 l russischer Tee
- 1 Msp. Zimt
- 50 g klein gewürfelte Aranzini
- Süße nach Belieben (Honig / Ahornsirup)
- 4 EL Granoton (aus Drogerie oder Reformhaus)

In einem Gefäß entkernte Dörrzwetschken, Aranzini, Gewürze und Honig vermengen, mit dem kochend heißen Tee übergießen und einige Minuten ziehen lassen.

Vor dem Anrichten Granoton (Weizenkeimvollextrakt) hinzufügen und jede Portion mit etwas Schlag und Zimt verzieren. Sofort servieren.

Lebkuchen nach Großmuttersart

- 420 g Vollkornmehl
- 350 g Honig
- 2 Eier
- 1 TL Piment
- 1 TL gemahlene Nelken
- 80 g Sojamehl
- 4 EL Erstpressöl
- 1 ½ TL Natron
- 1 TL Zimt
- 1 Msp. Kardamom

- 80 g feingeschnittene Aranzini
- 80 g feingeschnittenes Zitronat
- 2 - 3 EL Wasser

Die kandierten Früchte vor dem Kleinschneiden in Wasser einweichen, um den anhaftenden Zucker zu entfernen.

Das Mehl mit dem Sojamehl, den Gewürzen und dem Natron mischen. In einer großen Schüssel die Eier und den Honig schaumig schlagen, Öl und Wasser hinzufügen. Erst jetzt die Mehlmischung, Aranzini und Zitronat einrühren. Nach 1 Stunde Rast (nie länger als 2 Stunden, da der Teig sonst fest wird!), den Teig 3 - 4 mm dick auswalken, mit Ei bestreichen und verschiedene Figuren ausstechen. Diese mit Mandeln oder Nüssen belegen.

Den Lebkuchen auf ein befettetes Blech legen und bei 180 - 190° C backen. Dieser Lebkuchen ist sofort weich.

Piment-Honig (gegen Erkältungen)

- 1 Prise gemahlene Pimentkörner
- 1 Teelöffel Honig

Den Honig mit dem Gewürz vermischen und vor dem Schlafengehen einnehmen.

Erkältungstee

- 1 Teil Piment
- 1 Teil Anis
- 1 Teil Pomeranzenblüten
- 1 Teil Eukalyptusblätter

Von der Mischung verwendet man einen gehäuften Esslöffel pro Tasse und lässt 5-8 Minuten ziehen.

Pimpernelle
Sanguisorba minor

welsche Bibernelle, klein Blutkraut, kleiner Wiesenknopf, Nagelkraut, Sperbenkraut

Steckbrief

Schon in der Antike war sie ein beliebtes Hausmittel. Die Pimpernelle ist die Freundin des Blutes, daher auch ihr Name „*Sanguisorba*" oder Blutkraut. ›Sanguis‹ kommt aus dem Lateinischen und heißt Blut und ›sorbere‹ schlürfen. Diese Blutschlürferin stillt durch ihre zusammenziehende Wirkung Blutungen.

Sie ist ein in Europa wildwachsendes, ausdauerndes Kraut. Ihre gefiederten dunkelgrünen Blätter bilden einen Kranz am Boden aus dem der die Blüten tragende Stängel hervorragt. Die kugeligen Blütenstände sind zart grün und im Inneren jeder kleinen Blüte leuchten rot feine, fädige Blütenblätter hervor.

Im Garten einfach im Frühjahr aussäen. Später kann man sie durch das Teilen alter Stöcke vermehren. Auch im Topf ist sie problemlos zu halten.

Die jungen Blätter können bis zur Blüte geerntet werden, eignen sich aber leider nicht zum Trocknen. Sobald die Pflanze blüht, eignet sie sich nicht mehr zur Blätterernte, dafür kann man im Herbst ihre Wurzel ausgraben und trocknen. So erhält man auch eine vorzügliche Teedroge.

Verwendete Pflanzenteile

- Blätter
- Wurzel

Wirkung

- Die Pimpinelle ist eine bittere, zusammenziehende, kühlende Heil- und Gewürzpflanze, die Blutungen stillt, Heilung fördert und viele Krankheitskeime abtötet. Für die vorzügliche Wirkung als Blutungsstopperin sind die besonderen Tannine und Glykoside verantwortlich. Sie hemmen alle Blutflüsse wie Nasenbluten, Blut im Urin, starke Regelblutungen, Gebärmutterblutungen etc..
- Außerdem beeinflusst sie den Darmtrakt positiv und bremst Durchfall und Ruhr.
- Auch bei Verbrennungen, Verbrühungen, Wunden und Hauterkrankungen tut ein Bad in Pimpernellensud nur Gutes.
- Ihre Wurzel ist in vielen Zahnpulvern enthalten, die für die Gesundheit der Zahnwurzel sorgen.

Küchen- und Heilrezepte

Ihr feiner nussartiger Geschmack macht sie zur idealen Ergänzung von Salaten, Gemüsesuppen, kalten Eiergerichten und Kräutertopfen. Man kann sie aber auch allein als Gemüse zubereitet mit Wohlgefallen verzehren und wissen, dass man sich damit nur Gutes tut.

Frühjahrssalat

- 1 Teil Feldsalat
- 1 Teil Kopfsalat
- 1 EL gehackte Pimpinelle
- 1 Teil Löwenzahnblätter
- 3 - 5 Blätter Schafgarbe, fein zerzupft
- Essig und Öl

Alles gut mischen und mit Weinessig und Olivenöl abschmecken, eventuell noch ein bisschen Senf zufügen.

Pimpernellenplinsen

- 200 g Topfen (Quark) 40 %
- 2 Eigelb
- 2 EL feingewiegte Pimpinelle
- Sonnenblumenöl
- 4 EL Mehl
- Salz und Pfeffer
- 2 Eiweiß

Den Topfen über Nacht auf ein Sieb legen und abtropfen lassen. Am nächsten Tag Mehl und Eigelb mit dem Topfen verrühren und mit Salz, Pfeffer und Pimpernelle abschmecken. Den Schnee von zwei Eiweiß unterheben und je 1 EL Teig in der Pfanne etwas flachgedrückt ausbacken. Vor dem Wenden noch etwas Öl in die Pfanne geben.

Diese goldgelben Pimpernellen-Topfen-Laibchen ergeben mit Salat eine leichte frühlingshafte Mahlzeit.

Pikanter Topfen (Quark)

- ½ kg Topfen
- 3 EL gehackter Bärlauch
- Kräutersalz
- 4 EL gehackte Pimpernelle
- 1 kleine gehackte Zwiebel
- Olivenöl

Den cremig geschlagenen Topfen mit den Gewürzen, Salz und der Zwiebel vermischen. Ist er nicht cremig genug noch etwas Olivenöl einrühren.

Dieser herrliche frische Topfen passt sehr gut zu Bircherkartoffel oder anderen Kartoffelgerichten.

Sud bei Durchfall und Ruhr

1 Handvoll Pimpernelle mit Wurzeln 10 Minuten in einem Liter Wasser kochen. Mehrmals täglich eine Tasse trinken. Dieser Sud kann auch als Einlauf bei Durchfall zur Anwendung kommen.

Rosmarin
Rosmarinus officinalis

Brautkraut, Röslimarie, Weihrauchkraut

Steckbrief

Rosmarin ist ein in Südeuropa in Meeresnähe wildwachsender immergrüner Strauch. Der römische Name „Meertau" (ros marinus) nimmt darauf Bezug. Aber auch seine zarten, blauen Blüten, deren Schönheit sich erst in der Nähe offenbart, trugen zu diesen romantischen Namen bei. Aus der Ferne betrachtet gleichen sie Tautropfen.

In der Antike war der Rosmarin den Hausgöttern geweiht. Junge Bräute wurden mit Rosmarinkränzen geschmückt, denn er war das gemeinsame Symbol der Ehe, der Liebe und des Todes. Daher wurden bei Beerdigungen von den Trauernden Rosmarinkränze als Symbol der Freundschaft, des treuen Angedenkens und der ehrlichen Trauer getragen.

In Ägypten und Italien ist er eine der beliebtesten Gartenpflanzen. Aber er hat es nicht nur zu Ruhm in der hohen Kunst der Gärten gebracht, er ist auch ein Teil der Weltliteratur geworden. Shakespeare ließ Ophelia für ihren geliebten Hamlet einen Rosmarinkranz binden. Dieses Liebespfand war für den weiteren Verlauf der Handlung gut gewählt. Denn kurz bevor der Vorhang fällt, fragen sich die Gesandten aus Dänemark, mit wem sie eigentlich noch verhandeln sollen, da ja alle tot sind. Gleichermaßen feiert der Rosmarin auch in Romeo und Julia einen Gastauftritt mit all seiner Symbolkraft.

Der stark verholzende, mit grazilen Tannennadeln ähnlichen Blättern geschmückte Strauch wird bis zu 1,8 Meter groß. Zarte, blassblaue, violette, rosarote und manchmal beinahe weiße Blüten zieren seine Zweige. Die blühenden, duftenden Rosmarinhecken in Südeuropa sind eine wahre Augenweide.

Leider kann er in unseren Breiten nur im Topf gezogen werden und muss an einem hellen frostfreien Ort überwintert werden.

Verwendete Pflanzenteile

- Blätter
- ganze Zweige

Wirkung

- Der Rosmarin ist eine stärkende, krampflösende, schmerzstillende, schweißtreibende und aromatische Pflanze.
- Er lindert Blähungen, regt die Verdauung, die Leber und die Galle an und verstärkt auch den Gallenfluss. Aufgrund seiner durchblutungsfördernden Eigenschaften ist

er zur Behandlung von Verdauungsschwächen und Erschlaffungszuständen des Magens, bei ungenügender Blutversorgung, sowie Bleichsucht geeignet.

- Auch bei Menstruationsschmerzen ist er hilfreich.
- Außerdem stärkt er durch das in ihm enthaltene Diosmin den Kreislauf, die Blutgefäße und erhöht den Blutdruck. Das Flavonoid Diosmin hat sogar den Ruf wirksamer für die Behandlung schwacher Blutgefäße zu sein als das legendäre Rutin, das in großen Mengen im Buchweizen zu finden ist.
- Ein Aufguss von Rosmarin mit Borax vermischt dient als Haarspülung gegen Kopfschuppen.
- Seine krampfstillende Eigenschaft ist für seine Anwendung bei Husten, Herzklopfen, Angstgefühlen, Schlaflosigkeit und nervös bedingter Migräne verantwortlich.
- Als ein gutes Mittel gegen Rheuma und Gicht wird er ebenso eingesetzt, da er harntreibend wirkt.
- Apathische und auch leicht depressive Menschen können von ihm profitieren, da er eine sanft stimmungshebende und entspannende Pflanze ist.
- Sogar als Zutat in Aphrodisiaka wird er sehr geschätzt.
- Das getrocknete Kraut wurde früher bei Asthma geraucht, da es krampflösend ist.
- Bei Ödemen, Schlagwunden, Quetschungen, Verrenkungen und Verstauchungen kann er äußerlich angewendet werden und beschleunigt so die Wundvernarbung. Auch heilt er Mundentzündungen. Die Rosmarintinktur kann noch dazu als Einreibemittel bei Muskelrheumatismus, Lähmungserscheinungen, Nervenschmerzen, Kopfschmerzen, geistiger oder körperlicher Abgespanntheit hergenommen werden.
- Das Rosmarinöl wirkt gegen Bakterien und Pilze. Weiters ist es durchblutungsfördernd und gefäßerweiternd, aber unverdünnt auf die Haut gebracht, löst es Hautreizungen aus.

! Aufgepasst

Nicht in der Schwangerschaft als Heilmittel verwenden!

Rosmarinöl kann in großen Mengen innerlich eingenommen gesundheitsschädigend wirken!

Küchen- und Heilrezepte

Er harmoniert gut zu Lamm, Schweinefleisch und Geflügel. Verwendet man ihn mit anderen Kräutern zusammen, so sollte man ihn vorsichtig dosieren, da er sonst mit seinem intensiven, harzigen Geschmack alle anderen Gewürze übertönt.

Man kann ihn bestens in Saucen und Kräutersuppen verwenden. Rosmarin aromatisiert noch dazu Honig, Obstgelees und Bowlen.

Zu Recht bildet er auch einen Teil des Aromas des „Essigs der vier Diebe“ (s. Salbei).

Rosmarinhühnchen

- 1 kleineres Huhn
- 3 - 4 Kartoffeln
- 3 - 4 mittlere Tomaten
- 1 kl. Bund Rosmarin
- Kräutersalz
- Olivenöl
- Semmelfülle mit Eiern, Rosmarin, Thymian und Kräutersalz zubereitet

Das ausgenommene Huhn mit der Fülle füllen und in ein mit Olivenöl befettetes Reindl legen. Die Kartoffeln und Tomaten in Scheiben schneiden, um das Hühnchen verteilen und mit Rosmarin und Kräutersalz bestreuen. Das Reindl in das vorgeheizte Rohr geben, das Hühnchen solange drinnen lassen bis es knusprig und gar ist, dabei immer wieder mit Olivenöl übergießen. Dieses schmackhafte Gericht mit grünem Salat servieren.

Rosmarinzwieback

- 250 g Dinkelmehl
- 3 ganze Eier
- 6 Eigelb
- 1 Prise Salz
- 150 g Honig
- 2 TL frischer gehackter Rosmarin
- 1 EL gehackter Schnittlauch

Die Eier, Eigelb und der Honig werden gemeinsam schaumig gerührt. Nun vermengt man das Mehl, die Gewürze und das Salz und knetet die Eier-Honigmasse hinein. Der Teig wird nun ½ cm dick ausgerollt und mit einem Teigrad in Rauten oder Vierecke zerteilt. Diese legt man auf ein gefettetes und bemehltes Blech und bestreicht sie mit etwas Wasser. Man bäckt sie bei 190° C hellbraun.

Dieses pikant-süße Gebäck ist es wert, einmal von Ihnen ausprobiert zu werden. Ein (un)typischer Vertreter von Weinkeksen.

Aphrodisischer Badezusatz

- 1 Handvoll Rosmarinnadeln
- 1 Handvoll Melissenblätter
- 2 Zimtstangen

Die Kräuter werden in Wasser für ca. 5 Minuten ausgekocht. Der Sud wird dem heißen Badewasser zugesetzt.

Rosmarintinktur

- 1 Handvoll frischer Rosmarin
- ¼ l Branntwein

Den Rosmarin lässt man gute 2 Wochen an einem warmen Ort oder in der Sonne im Alkohol ziehen und seiht dann ab.

Nach dem gleichen Rezept kann man die **Lavendel-** und **Majorantinktur** herstellen.

Wasser der Königin von Ungarn

- 300 ml Rosmarintinktur
- 100 ml Lavendeltinktur
- 100 ml Majorantinktur
- 1 Tropfen Rosenöl

Diese drei Tinkturen werden vermischt und falls erwünscht, wird der eine Tropfen des sehr teuren aber sehr wirkungsvollen Rosenöls untergemischt.

Man reibt sich damit bei Beschwerden des rheumatischen Formenkreises oder einfach zur Belebung ein. Innerlich darf nur ein Kaffeelöffel voll täglich eingenommen werden und das auch nur von Erwachsenen!

Isabella von Ungarn, sie lebte im 14. Jahrhundert, erlangte im gebeugten Alter von 72 Jahren von Gicht und Rheuma geplagt ihre jugendliche Kraft und Schönheit durch das „Ungarische Wasser" wieder, das seit diesem Ereignis seinen Namen wechselte. Sie soll so vital und unternehmungslustig geworden sein, dass ihr der bedeutend jüngere König von Polen einen Heiratsantrag machte.

Rosmarin-Schmerzcreme

- 2 EL Olivenöl
- 2 EL Tannenharz
- 2 EL Bienenwachs
- 1 TL Rosmarintinktur

Das Öl, Harz und Wachs bei geringer Temperatur (Wasserbad) schmelzen lassen, gut vermischen und dann die Rosmarintinktur einrühren.

Rosmarinwein

- 1 Handvoll Rosmarin
- 1 l Rot- oder Weißwein

Den Rosmarin im Rotwein zwei Tage, aber bei Verwendung von Weißwein nur einen Tag ziehen lassen, dann abseihen.

Bei geistiger Erschöpfung, Unfruchtbarkeit der Frauen, Bleichsucht, Seh- und Gehörschwäche der Durchblutungsstörungen zugrunde liegen, zur Blutreinigung und Harnförderung trinke man wohlgemut den Rosmarinwein (morgens nüchtern, mittags und abends 1 Stunde vor der Mahlzeit 1 Stamperl).

Safran
Crocus sativus

Steckbrief

Der Safrankrokus ist eine der ältesten Kulturpflanzen überhaupt. Seit mehr als 4.000 Jahren wird er vom Menschen genutzt, so dass seine Wildform nicht mehr bekannt ist. Sein Name leitet sich aus dem Arabischen 'za'fan' (gelb) ab. Wegen dieser Farbenpracht war er auch der strahlenglänzenden Göttin der Morgendämmerung und der „Tempelhüterin des Lebens", Aurora, geweiht.

Wenn sie frühmorgens aus dem Ozean herauffährt, um mit ihren Rosenfingern die Pforte des Himmels zu öffnen, umwallt sie ein gelber Krokusschleier.

Die heilsam wirkenden Pflanzenteile des Krokus, der auch in Österreich kultiviert wird, sind die drei Narben des Griffels. Für 1 kg Safrannarben sind 150.000 bis 200.000 Blüten sowie 400 Arbeitsstunden nötig. Das erklärt den auch heute noch hohen Preis. Im Mittelalter zahlte man für ein Pfund Safran soviel wie für einen prächtigen reinblütigen Rappen. Daher streckten Händler den wertvollen Safran indem sie gefärbte Fasern aus Rindfleisch oder Granatäpfel ›untermengten‹ oder ihn sogar ganz dadurch ersetzten. Die Strafen dafür waren drakonisch: In Nürnberg wurde im 15. Jahrhundert ein betrügerischer Händler samt seiner Ware bei lebendigem Leibe auf dem Scheiterhaufen verbrannt.

Die heutigen Zentren der Safranzucht sind Valencia in Spanien, Nürnberg in Deutschland und Saffron Walden in Großbritannien.

Die Ernte der Narben erfolgt im Herbst, wenn die Blüten voll geöffnet sind. Die Narben müssen in einem dunklen Glas gut verschlossen aufbewahrt werden.

Im Garten kann man ihn ziehen, indem man die Zwiebeln im Mai in Beete setzt.

Verwendete Pflanzenteile

- Narben

Wirkung

- Der Safran schmeckt beißend bis halbbitter und fördert die Verdauung. Er regt den Kreislauf sowie die Menstruation an und vermag auch hohen Blutdruck zu senken.
- Er ist appetitanregend, erhöht die Magensaftsekretion und stillt Magen- und Darmkoliken sowie Blähungen.
- Bis zu einem gewissen Grad hat er eine schmerzstillende und krampflösende Wirkung und wird bei Keuchhusten und Krampfhusten eingesetzt. Der Safransirup ist gut für Kinder bei Keuchhusten, Windkolik und Zahnbeschwerden.

- Außerdem wirkt Safran schlaffördernd und unterstützt, in kleinen Dosen eingenommen, die Geburt. Sowohl bei Ausbleiben der Monatsregel als auch bei Regelbeschwerden hilft er.
- Äußerlich wird er bei Entzündungen, gewissen Augenleiden (entzündete und ermüdete Augen: Safran mit Milch vermischen) und bei Hämorrhoiden angewendet.
- Ein Weingeistauszug von Safran hat bei Wunden verwendet blut- und schmerzstillende Eigenschaften.
- Engegefühl in der Brust, Bewusstseinsstörungen und Auswirkungen von Schock und Angst können mit einem Kaltauszug von Safran behandelt werden. In der traditionellen chinesischen Medizin wird er bei „stagnierender Lebensenergie“ wie bei Depressionen und Menstruationsstörungen empfohlen.

! Aufgepasst

Bei Verwendung der Tinktur nur 10 - 15 Tropfen täglich einnehmen, da sonst mit starken Nebenwirkungen (Herzklopfen, Kopfschmerzen, Schwindel, Appetitlosigkeit, Lachkrämpfen, Erbrechen, Betäubung oder eine Lähmung des Zentralnervensystems) zu rechnen ist.

Auch den Tee nicht zu stark bereiten, weil er sonst toxisch wirken kann!

Küchen- und Heilrezepte

Die Safrannarben haben einen würzigen, etwas scharfen bis bitteren Geschmack und werden häufig wegen ihrer stark färbenden Eigenschaft den Speisen zugesetzt. Man erinnere sich nur an den Kindervers „Safran macht den Kuchen geel“. Käse und Gebäck wird oft mit Safran gefärbt. Ein echter Semmelkren wird auch mit einem Hauch von Safran gewürzt.

Vor seiner Verwendung soll er in Wasser oder Milch eingeweicht werden, damit er seine Farbstoffe freisetzten kann!

In den asiatischen Ländern bereitet man Reis, Hülsenfrüchte, Huhn, Hammel, Seefisch, Fischsaucen und Süßspeisen, wie Milchreis, Grießbrei und Pudding damit zu. In Spezialitäten wie Pilaf oder Paella gehört er auf jeden Fall hinein.

Safrantinktur (Tinctura Croci) bezieht man bei Bedarf am besten aus der Apotheke.

Safranhuhn

- 1,5 kg Brathuhn
- 1 große feingehackte Zwiebel
- ¼ TL Safran
- ½ TL Kardamom
- 3 EL Butterschmalz oder Öl
- 3 feingehackte Knoblauchzehen
- 1 ½ TL frischer fein geriebener Ingwer
- 1 ½ TL Salz
- 3 frische entkernte und in Scheiben geschnittene Chillieschoten

Das Huhn in kleine Portionsstücke schneiden, die Brust vierteln, Ober- und Unterschenkel und die Flügelglieder auseinander trennen.

In einem schweren Topf das Schmalz heiß werden lassen; Zwiebel, Knoblauch, Ingwer und Chillies unter ständigem Rühren vorsichtig darin anbraten bis die Zwiebel weich und leicht braun ist. Den im Mörser zerstoßenen Safran mit 1 EL heißem Wasser übergießen und mit dem Kardamom in den Topf geben. Dann die Hühnerteile einlegen und bei verstärkter Hitze 4 - 5 Minuten ständig wenden bis sie goldbraun und mit der Safranmischung überzogen sind. Salzen, zudecken und bei mäßiger Hitze etwa 10 Minuten garen. Offen so lange weiterkochen bis fast die ganze Flüssigkeit verdampft ist.

Zu diesem delikaten Huhn wird Reis serviert. Den Reis kann man durch Kurkumazugabe gelb färben und mit etwas Petersilie bestreuen.

Safrankäse

- 4-5 Safranfäden
- 200 g Frischkäse
- 1 Msp. geriebene Muskatnuss
- 50 g Puderzucker
- 2 EL Milch
- 100 g Joghurt
- 1 Msp. gemahlener Kardamom
- 1 Prise Salz

Der Safran wird in der Milch eingeweicht. Währenddessen verrührt man den Frischkäse mit dem Joghurt, Zucker und Salz. Nun mengt man den Safran und die restlichen Gewürze unter.

Dieser süße Käse senkt auch die Lichtempfindlichkeit.

Safrantee

6 - 10 Narben werden mit 1 Tasse heißem Wasser überbrüht. 1 - 2 Tassen pro Tag ungesüßt schluckweise trinken.

Nach dem Genuss von diesem Tee keine fetten oder salzigen Speisen essen.

Kalter Safrantee

3 - 6 Narben in ¼ l Wasser über Nacht einlegen und morgens den abgegossenen Tee trinken.

Salbei
Salvia officinalis

Müsli, Scharleikraut, Sophie, Zuffen

„Der Salbei geht dir niemals aus, drum zieh ihn dir in deinem Haus,
Sein Nam' ist ein lateinischer, vom Worte ‚retten' stammt er her.
....
Warum sollte ein Mensch sterben, wenn Salbei in seinem Garten gedeiht?
Gegen die Gewalt des Todes gibt es kein Kraut im Garten!"
[Cur moriatur homo, cui salvia crescit in horto?
Contra vim mortis non est herba in hortis]
(Lehrbuch der Schule von Salerno, Kapitel LXXXIII)

Steckbrief

Der Name Salbei leitet sich vom lateinischen 'salvia' (kommt von 'salvare' = heilen) ab. Die Römer nutzten ihn als eine Art Allheilmittel.

Alle Salbeiarten haben einen unterschiedlichen Gehalt an Wirkstoffen. Daher ist die Wahl der Sorte sehr wichtig. *S. officinalis* enthält viel Thujon, *S. fructicosa* wenig und *S. lavandufolia* gar keins. Da aber *S. officinalis* auch die Rosmarinsäure beinhaltet ist er die Pflanze der Wahl.

Er ist ein mehrjähriger Strauch mit schmalen leicht behaarten Blätter. Im Sommer verwöhnt er einen mit blau leuchtenden, zierlichen Blüten, die einen angenehmen Duft verbreiten.

Am besten werden Setzlinge ab Mai in einen lockeren und eher trockenen Boden eingepflanzt. Im Herbst erfolgt ein Rückschnitt und die Abdeckung der Pflanze mit Zweigen als Kälteschutz.

Die Ernte soll unmittelbar vor der Blüte im Juni erfolgen.

Verwendete Pflanzenteile

- Blätter
- Blüten

Wirkung

- Der Salbei ist ein antiseptisches, zusammenziehendes und entzündungshemmendes Kraut mit einem kampferartigen Aroma.
- Er wirkt beruhigend nach wiederholtem Erbrechen und Durchfall und unterstützt die Magen- sowie Darmtätigkeit. Er verhindert Blähungen und auch die Leber profitiert von ihm.
- Er aktiviert den Blutkreislauf und unterstützt die Funktion des Nervensystems.

- Wegen seiner zusammenziehenden Eigenschaften verwendet man ihn auch gegen Blutergüsse, Blutungen, ungewöhnlichen Blutverlust bei Frauen, Weißfluss und Husten.
- Salbei wirkt vorzüglich auf die weiblichen Geschlechtsorgane, weil er die Gebärmutter kräftigt und die Menstruation regelt. Er ist eine der östrogenimitierenden Pflanzen. Besonders gut wirkt er bei Frauen, die eine hellrote Blutung mit Bauchkrämpfen haben. Ebenso ist er bei einer verfrühten Menstruation sehr zu empfehlen. Außerdem ist er ein nützliches Mittel bei Hitzewallungen in den Wechseljahren und lässt bei stillenden Müttern die Milchproduktion zurückgehen.
- Seine harntreibenden, krampfstillenden und aufbauenden Eigenschaften lindern Beschwerden wie Harnverhaltung, Nierenträgheit, Ödeme, Gicht, Rheumatismus und Migräne.
- Er hat eine fiebersenkende Wirkung und hemmt unangenehme nächtliche Schweißausbrüche (die Rosmarinsäure kann innerhalb von 2 Stunden starkes Schwitzen stoppen), die bei vielen Infektionskrankheiten auftreten. Salbeitee ist weiters ein ausgezeichnetes Gurgelwasser bei Rachenkartarrh, Entzündungen der Rachenmandeln und der Mundschleimhäute. Die Rosmarinsäure ist ebenfalls ein sehr wirksamer Entzündungshemmer.
- Das ätherische Öl hilft bei Bakterien-, Pilz- und Vireninfektionen. Daher ist er in Grippezeiten sehr zu empfehlen. Der Wirkstoff Salvin tötet Bakterien ab und sorgt für eine schnelle Gesundung. Aber Vorbeugen ist besser als Nachsorgen. Daher täglich ein frisches Salbeiblatt kauen, wenn die Grippezeit anrollt.
- Äußerlich verwendet man eine stärkere Abkochung zu Bädern oder Umschlägen auch bei eitrigen Wunden, Hautkrankheiten und Unterleibsleiden.
- Er wirkt aber nicht nur auf den Körper anregend, sondern auch auf die Psyche. Daher ist er als ein leichtes Antidepressivum bei Angstzuständen zu empfehlen.
- Wer gut schlafen und gut wachen will, darf den Salbeitee nur morgens und nie abends trinken, da er sonst schlaflose Nächte bereitet, ganz so wie die späte Tasse Kaffee. Nach dem Aufstehen ersetzt der Salbeitee in großen Gebieten Frankreichs die Schale Kaffee - eine nachahmenswerte Sitte.

! Aufgepasst

Trotz seiner vielen Vorzüge ist der Salbei für Menschen mit sanguinischem Temperament (sehr mitteilsame Menschen mit gerötetem Gesicht) nicht zu empfehlen. Er würde sie zu sehr anregen und den Blutdruck steigern.

Gallige, Melancholische und Apathische dagegen finden genau das, was ihnen zum vollkommenen Gleichgewicht verhilft.

Wegen der möglichen giftigen Wirkung des Thujons (Bestandteil des ätherische Öl vom Salbei) sollte **keine Salbeikur übertrieben werden!** Keine Kur länger als 14 Tage durchführen!

Außerdem sollte frau auch während einer Schwangerschaft keine Salbeikur machen!

Küchen- und Heilrezepte

Salbei ist das duftendste aller aromatischen Kräuter und bestens geeignet, faden Fleischsorten Geschmack zu verleihen, wobei er außerdem noch gute Verdauung garantiert. Wunderbar schmeckt er in Saucen und zu gegrilltem Fleisch. Ebenfalls in Würsten und Faschiertem entfaltet er sein Aroma. Bei Hühnerleber, Bratenfüllungen, Eintöpfen und Suppen ist man gut beraten auch einmal den Salbei als Gewürz auszuprobieren.

Salt'in bocca: Kalbsschnitzel mit Schinken und Salbei gefüllt

- zwei Schnitzel pro Person
- 1 Schinkenscheibe pro Person
- 1 Zweiglein Salbei pro Person
- Salz
- Pfeffer
- 50 g Butter pro Person

Die leicht geklopften Kalbsschnitzel mit Salz und Pfeffer bestreuen. Jetzt ein Schnitzel mit einer Schinkenscheibe und Salbeiblättern nach Geschmack belegen. Ein zweites Schnitzel mit Zahnstocher darauf befestigen und in der heißen Butter bei mittlerer Hitze bräunen.

Zu diesen zarten, schmackhaften, fast von selber in den Mund springenden Schnitzeln kann man Nudeln, Risotto oder verschiedene Salate servieren.

Gebackene Salbeiblätter

- 1 Bund Salbei
- etwas Mehl
- Butter

Die gewaschenen Salbeiblätter im Mehl wenden und in der Butter knusprig braten. Sie sind eine exzellente und feine Zugabe zu Pasta aller Art und Gemüselasagne.

Salbeisauce

- etwas Olivenöl
- 2 dicke Zwiebeln, gehackt
- 100 g Brot
- etwas Milch
- 2 gehäufte EL kleingehackter Salbei
- Bratensauce

Lassen sie die Zwiebeln im Öl glasig werden und fügen sie dann das in Milch aufgeweichte Brot und den Salbei (man kann auch getrockneten verwenden) dazu.

Nachdem man sie mit Bratensaft vermischt hat, wird sie in die Sauciere gefüllt.

Essig der vier Diebe

Während der großen Pestepedemie von Toulouse (1630) begannen einige gewitzte Diebe ohne Furcht vor Ansteckung, die Leichname auszuplündern. Sie wurden gefasst; für die Preisgabe des Geheimnisses, wie sie frei von der Pest blieben, wollten die Ratsherren ihnen das Leben schenken. Die Strolche gestanden willig, dass sie sich mit einem eigens hergestellten Kräuteressig den Körper einrieben bevor sie zur Plünderei aufbrachen.

Dieser Essig schützt nicht nur vor Ansteckung, sondern verleiht auch Salaten ein delikates Aroma.

- 3 Zweige Salbei
- 1 Zweig Lavendel
- 2 kleingehackte Knoblauchzehen
- 1 Zweig Thymian
- 1 Zweig Rosmarin
- ½ l Weinessig

Die Kräuter mindestens 14 Tage bei 20° oder in der Sonne im Essig ziehen lassen, danach den duftenden Essig abseihen.

Süße Salbeitorte (eine Köstlichkeit aus der Renaissance)

- 250 g Blätterteig
- 2 Petersilienbüschel
- 1 Msp. Ingwerpulver
- ¼ l Milch
- 1 El Butter
- 20 Salbeiblätter
- 100 g Rohrzucker
- 6 Eier
- Salz und Pfeffer

Der Salbei wird mit der Petersilie sowie einigen Spritzen Wasser im Mixer püriert und danach, um den Kräutersaft zu gewinnen, durch ein Tuch gedrückt. Nun vermengt man den Kräutersaft mit dem Zucker, Ingwer, Salz, Pfeffer, den Eiern und der Milch. Der dünn ausgerollte Blätterteig wird in eine gebutterte Backform gelegt. Jetzt wird die Eiermasse darauf verteilt und das Ganze bei 200°C im vorgeheizten Backrohr ca. 40 Minuten lang gebacken.

Salbeisauce

- 1-2 EL Salbeiblätter
- 1 gepresste Knoblauchzehe
- ⅛ l Weinessig
- 1 TL Kerbel

Alle Zutaten im Mixer gründlich mischen, jetzt ist die Sauce fertig. Bei Appetitlosigkeit oder Untergewicht diese Sauce einmal täglich zu Getreide- oder Gemüsegerichten essen.

Salbeiwein

I

- 1 l Rotwein
- 2 Handvoll Salbei

Den Salbei mit kochendem Wein überbrühen und ¼ Stunde ziehen lassen. Durchseihen und nach Belieben süßen. Davon ein Schnapsglas voll zu den Mahlzeiten und vor dem Schlafengehen trinken.

II

- 1 l Rot- od. Weißwein
- 3 - 4 Handvoll Salbei

Salbei 14 Tage im Wein ziehen lassen (bei 20° oder in der Sonne). Danach abseihen und abfüllen. Davon ein Schnapsglas voll zu den Mahlzeiten trinken.

Geistiger Salbei

- ½ l Branntwein
- 1 Handvoll Salbei

Salbei wie oben im Branntwein 14 Tage ziehen lassen. Davon täglich einen Kaffeelöffel voll einnehmen. Dieser Auszug kann auch äußerlich auf schmerzende Stellen angewendet werden.

Senf
Brassica nigra und Brassica alba

Mostrich, Mostardkorn, Keek, Keetjen

Steckbrief

Schon im antiken Griechenland diente er als pikantes Gewürz. Im alten Rom wurde er auch als Blattgemüse verzehrt. Ebenso aßen die Römer äußerst gern 'Garum' eine Paste aus vergorenem Fisch mit intensivem Geschmack. Daraus kann man schließen, dass sie einen sehr robusten Magen hatten.

Die ersten Aufzeichnungen über seine medizinische Wirksamkeit finden sich in China und sind mit dem Jahre 659 n. Chr. datiert.

Die Bezeichnung Mostrich leitet sich von einer römischen Sitte ab. Sie vermengten gemahlenen Senf mit Traubensaft. Und so entwickelte sich aus dem lateinischen Wort ›mustum‹ (Most) der Mostrich.

Die Heimat des Senfs liegt im Mittelmeerraum. Er kann aber auch in unseren Breiten problemlos gezüchtet werden. Der Senf ist einjährig. Sein kantiger, gelbe Blüten tragender Stängel erreicht eine Höhe von bis zu 1 m. Die eiförmigen Blätter sind rauh und behaart.

Das einjährige Kraut kann ab Mitte Mai an einer sonnigen Stelle mit Sandboden ausgesät werden. Die Blätter können ständig geerntet werden. Die Schoten werden, wenn sie eine braungelbe Färbung angenommen haben, gepflückt und getrocknet.

Um die Samen zu gewinnen werden die Schoten gedroschen und anschließend die Samen ausgesiebt.

Der Senf verbessert die Bodenstruktur des Erdreichs und kann nach der Gemüseernte bis spät in den Herbst auf einem Beet ausgesät werden. Über den Winter frieren die Pflanzen ab und man kann im Frühjahr statt des Senfs andere Feldfrüchte in einem feinkörnigen gut aufbereiteten Boden pflanzen. Diesen Vorgang nennt man Gründüngung.

Verwendete Pflanzenteile

- Blätter
- Samen

Wirkung

⦿ Das Senföl ist stark antiseptisch (tötet Bakterien und Pilze), kann aber auf der Haut Blasen verursachen. Auch findet es sich in Präparaten zu Abwehr von Katzen und Hunden.

Wirkung des weißen Senfs

⦿ Bei chronischer Verstopfung ist er sehr nützlich, sollte aber gering dosiert werden.

▲ *Zimtschälerin*

▲ *Gewürze aus Tausend und einer Nacht*

▼ *Zimtrinde*

▲ *„Vanille - Fabrik" (Schoten beim Trocknen)*

▼ *Gewürznelken beim Trocknen*

▲ *Vanille*

▲ *Muskatnuss mit Macis*

▼ *Gewürznelke*

▲ *Lorbeer*

▲ *Chillis*

▲ *Borretsch*

▼ *Fenchel und Sonnenhut*

Er wirkt aber insgesamt stuhlregulierend, die Einnahme von 1 TL ganzer weißer Senfsamen 2 - 3 mal täglich ist in solchen Fällen angebracht.

- Kinder, die wenig essen wollen, sei der Genuss von Senf nahegelegt.
- Er hat auch eine harntreibende Wirkung und heilt, als Zusatz zum Gurgelwasser, Mandelentzündung, Husten und Angina.

Wirkung des schwarzen Senfs

- Auf ihn treffen dieselben Eigenschaften zu wie auf den weißen Senf, aber er besitzt noch andere Heilkräfte.
- Geringe Dosen von schwarzem Senf erwärmen und stimulieren das Verdauungssystem.
- Seine schmerzstillenden und ableitenden Eigenschaften sind für seine äußerliche Anwendung verantwortlich. Mit den Samen kann man stimulierende Umschläge bei Husten und arthritischen Gelenken machen. Auch bei Entzündungen innerer Organe (Lungen, Bronchien, Brustfell, Herzbeutel, usw.), Husten und Katarrh, sowie bei Rückenschmerzen, Ischias, Hexenschuss, Herzschwäche (Umschlag am Rücken, linken Arm oder Herzgegend), Nierenkolik, Zahnschmerzen und bei Menstruationsbeschwerden (Umschlag am Kreuz) verschaffen Senfpflaster durch ihre Tiefenwirkung Erleichterung.
- Stauungslunge und Schlaganfälle nehmen einen viel günstigeren Verlauf, wenn man unverzüglich zu Hand- und Fußbädern mit Senf greift oder Senfpflaster an beide Waden macht.
- Aber auch in weniger drastischen Fällen ist Senf wärmstens zu empfehlen. Bei Blutandrang im Kopf, Kopfschmerzen, kalten Füßen und beginnendem Fieber oder Erkältungen sind die beiden Senfsorten die Mittel der Wahl.

! Aufgepasst

Der Senf kann auf der Haut Blasen verursachen.

Er soll bei Schilddrüsenunterfunktion oder gleichzeitiger Einnahme von Thyroxin nicht verwendet werden.

Wer an Sodbrennen, Blähungen, Schluckauf oder Geschwüren leidet, sollte völlig auf den Tafelsenf verzichten.

Küchen- und Heilrezepte

Der Senf hat ein scharfes, würziges Aroma. Die weißen Senfkörner sind milder als der schwarze Senf.

Die Blätter werden als Beigabe in Salaten oder in Suppen, Saucen und Dressings gereicht.

Hingegen finden die Samen beim Einlegen von Gurken, Tomaten und Gemüsen, sowie dem Würzen von Fleisch und dem Herstellen von Senfgewürz Verwendung. Zerdrückt man die Körner vor Gebrauch leicht, so eignen sie sich vorzüglich, um damit Suppen, Eintöpfe, Bohnen- und Kohlgerichte abzuschmecken. Dabei berücksichtigt der Kenner, dass der Senf nur bis zu einer Temperatur von 60° C sein Aroma bildet und erwärmt daher die Speisen langsam. Da der Senf aber auch andere Gewürze übertüncht ist ein sparsamer Umgang damit geboten.

Die Senfschärfe und der typische Geruch entstehen erst wenn der Samen zerkleinert wird und ein Enzym (Myrosinase) aus dem freien Senfölglucosid (Sinigrin) freies Allylsenföl (Allylisothiocyanat) macht. Die Reaktion dauert in Verbindung mit kaltem Wasser 10 - 15 Minuten und wird durch die Zugabe von Essig, Salz oder heißem Wasser gestoppt.

Eine kleine Senfkunde

Bordeauxsenf: Er wird mit den Samen und ihren geschmacksneutralen Schale hergestellt. Daher ist er mittelscharf.

Dijonsenf: Er wird mit schalenfreien Samen gemacht. Deswegen ist er schärfer.

Mostrich: Er besteht fast nur aus weißem Senf und ist aus diesem Grund besonders mild.

Englischer Senf: Er wir fast nur aus schalefreiem schwarzen Senf gemacht und ist entsprechend würziger.

Kräutersenf

- 50 g Senfkörner
- 1 Blatt Lorbeer
- 40 ml Wasser
- 1 EL Zucker
- je 1 TL Rosmarin, Thymian
- 30 ml Weinessig
- 1 TL Salz

Die Senfkörner und die Kräuter jeweils extra fein zermahlen. Dem Senfmehl wird das Wasser untergerührt. Nun findet die oben geschilderte Reaktion statt. Wer lieber milden Senf hat, kann sie nach 5 Minuten durch die Zugabe der restlichen Zutaten stoppen, ansonsten lässt man das Mehl 15 Minuten in dem Wasser ziehen. Mindestens 3 Minuten lang wird die Mischung mit einem elektrischen Rührer geschlagen.

Den Senf in ein Gefäß geben und eine Woche ruhen lassen. Danach ist er zum Verzehr und Erfreuen des Gaumens geeignet.

Tafelsenf

- 50 g schwarzes Senfmehl
- 10 g Mehl
- 1 Prise Nelkenpulver
- 2 Prisen Ingwerpulver
- 1 EL Zucker oder Honig
- ca. 90 ml Wasser
- 50 g weißes Senfmehl
- 1 Prise Piment
- 2 Prisen Pfeffer oder Galgant
- 1 TL Salz
- 60 ml Weinessig

Zuerst Senfmehl mit Wasser vermischen und wie oben beschrieben Zeit zum Reagieren geben. Danach werden alle Zutaten mit dem Weinessig zu einem Brei verrührt und dieser 1 Tag lang ziehen gelassen. Je nach Geschmack können andere Gewürze zugefügt und einige weggelassen werden.

Gurgelwasser

- 5 Prisen Holunderblüten
- 2 - 3 Prisen weißes Senfmehl

Die Holunderblüten mit ¼ l kochendem Wasser überbrühen, 10 Minuten ziehen lassen und dann das Senfmehl einrühren.

Anti-Verstopfungsmittel

- 2 EL Senfkörner (schwarzer)
- ⅛ l Wasser

Senfsamen 1 Stunde lang im Wasser einweichen lassen und von den feuchten Samen morgens auf nüchternen Magen 2 Tage lang 1 TL voll nehmen (Kinder die halbe Dosis).

Hand- und Fußbäder

- 1 Handvoll schwarzer Senf
- 1 l Wasser

Den Senf mit dem Wasser verrühren und Hände oder Füße darin baden. Die Dosis kann auch gesteigert werden (Bei Schlaganfall und Stauungslunge, bis zum Eintreffen des Arztes Hand- oder Fußbäder machen).

Senfpflaster

- 100 - 150 g Senfmehl (schwarz)
- 150 - 250 g Leinmehl

Das Senfmehl darf nicht über 40 - 45° C erhitzt werden, wird die Temperatur von 50° überschritten so verliert der Senf all seine ableitenden Eigenschaften!

I

Angefeuchtetes Leinmehl wird auf einen Leinenflecken aufgetragen und auf 40° C erhitzt, der so entstehende Fladen wird mit dem Senfmehl bestreut und dann auf die behandelnde Körperstelle gelegt.

II

Das befeuchtete Lein- und Senfmehl wird so lange verknetet bis beide Mehlsorten gründlich vermischt sind. Die Masse auf einen Leinenfetzen auftragen und eventuell vor dem Erhitzen auf 40° C noch einmal befeuchten.

Diese Pflasterzubereitung führt zu besseren Ergebnissen als die erste, ist aber etwas Zeit intensiver.

III

- 200 g frisches Senfmehl (schwarz) oder 100 g Senfmehl und 100 g Roggenmehl

Das Mehl mit warmem Wasser (unter 40° C) zu einem Brei verrühren und auf ein Tuch streichen.

I; II; III

Die Hautstelle mit in warmen Wasser befeuchteter Gaze bedecken, damit das Senfpflaster nachher leichter abgezogen werden kann.

Pflaster auflegen, solange liegen lassen bis es intensiv zu brennen anfängt, dieses Brennen 1 Minute lang ertragen und dann das Pflaster entfernen. Die gerötete Haut mit Reismehl (Apotheke, Drogerie) einpudern.

Besonders empfindliche Hautstellen, wie Gesicht, Brüste oder Geschlechtsteile **nicht** mit einem Senfumschlag behandeln!

Thymian
Thymus vulgaris

Chölm, Demut, Spanisches Kutelkraut,
Römischer Quendel

Steckbrief

Einer der frühesten Räucherstoffe, der in Griechenland rituell verbrannt wurde, war der Thymian, dessen Name sich vom griechischen ›thymós‹ (ursprünglich ›Rauch‹; später wird es zu Geist oder Mut) ableitet. Aber der Name lässt sich auch von dem ägyptischen 'tham' herleiten. Wobei tham für eine zur Mumifizierung notwendigen Pflanze steht.

Der Thymianhonig war im Altertum schon wegen seiner wohltuenden Wirkung und seines Geschmacks bekannt und gelobt. Der kretische Thymianhonig ist noch heute berühmt.

Wie andere wohlriechende Kräuter (z.B. Rosmarin) ist auch der Thymian ein Symbol des Todes. Denn früher glaubte man, dass die Seelen der Verstorbenen sich in die Blüten angenehm und intensiv duftender Pflanzen zurückzögen.

Nichtsdestotrotz benutzten ihn die alten Griechen als Heil- und Gewürzpflanze, mit der sie ihren Wein und Käse aromatisierten und das Fleisch räucherten.

Der Thymian ist eine verholzende, strauchartige, mehrjährige Pflanze, die selten über 25 cm hoch wird. Kleine, zähe Blätter zieren quirlig stehend die Zweiglein. Während der Thymian von zarten rosa Blüten geschmückt wird, übt er eine magische Anziehungskraft auf Bienen und andere Nektarsammler aus.

An einem sonnigen Platz mit magerem Boden gedeiht er sehr gut.

Unter Quendel versteht man Feldthymian (*Thymian serpyllum* und *pulegioides*).

Verwendete Pflanzenteile

- Blühendes ganzes Kraut

Wirkung

- Der Thymian ist wärmend, zusammenziehend, schleimlösend, verdauungsfördernd, krampflösend, hustenstillend, antiseptisch sowie fungizid.
- Blähungen werden durch ihn gelindert und er beruhigt den Verdauungstrakt vornehmlich bei Magenkrämpfen und Gastritis. Aber auch Durchfall hilft er stoppen. Gegen Hackenwürmer ist er ebenso ein gutes Mittel.
- Seine anregende und kräftigende Heilkraft macht ihn gegen Organschwächen, namentlich jene des Nervensystems und gegen Schwächen des Kreislaufsystems, Schlaflosigkeit (hoher Eisengehalt!) und Herzklopfen, empfehlenswert.

- Außerdem ist die entkrampfende Wirkung verantwortlich dafür, dass er bei Husten und Asthma Anwendung findet. Seine auswurffördernde und schweißtreibende Eigenschaft kommt ihm bei der Behandlung von Husten und Erkältungen zugute.
- Bei Nieren- und Harnblasenbeschwerden, sowie Gicht und Rheuma kommt seine harntreibende Wirkung zur Geltung. In China wendet man ihn erfolgreich zur Behandlung von Arthritis und rheumaartiger Arthritis an.
- Weiters ist die antiseptische Wirkung hilfreich bei der Desinfizierung von Wunden, Abszessen, Geschwüren u.ä.. Äußerlich kann er auch bei Quetschungen, Verrenkungen, blauen Flecken, Gicht und Rheumatismus verwendet werden. Er bringt auch Hilfe bei traumatischen Verletzungen, die Schmerzen im gesamten Körper verursachen.
- Mit einer Creme aus Thymian lässt sich auch Gürtelrose (Herpes zoster) behandeln.
- Örtliche Bäder mit dieser Pflanze lindern bei Frauen den Schmerz in den Brüsten und der Tee regelt den weiblichen Zyklus.

! Aufgepasst

Ein Zuviel an Thymiantee führt zur Überfunktion der Schilddrüse! Daher Thymiantee nach 2 Wochen wieder absetzen.

Küchen- und Heilrezepte

Auch bei längerem Kochen bleibt der kräftige Geschmack des Thymians erhalten. Er findet in allen pikanten, aber auch deftigen Gerichten (Eintöpfe mit Hülsenfrüchten, Wildpasteten, Hammelfleisch, Faschiertem und fast sämtliche knoblauchduftende Mittelmeergerichte) seinen Platz. Auch steuert er dem „Bouquet garni“ sein Aroma bei. Thymian harmoniert sehr gut mit Basilikum und Rosmarin.

Nicht nur wegen seiner antiseptischen Wirkstoffe eignet er sich hervorragend für Fleischbeize und Eingemachtes, sondern auch seines Geschmacks wegen. Weiters ist sein hoher Eisengehalt zu erwähnen (100 g getrockneter Thymian enthalten 135 mg Eisen), dieser macht ihn noch mehr zum idealen Partner von Fleischgerichten. 2 Gramm Thymian (ca. 3 Prisen) bringen dem Körper gleich viel Eisen wie 100 g Fleisch. Das pflanzliche Eisen kann durch die im Fleisch enthaltenen, die Eisenaufnahme erleichternden Stoffe um etliches besser verwertet werden. Obendrein enthält Thymian auch noch weitere Mineralstoffe wie Zink und Calcium. Hieraus ersieht man deutlich, dass richtig Würzen sogar Mangelerscheinungen entgegen wirken kann.

Quendelkekse

- 330 g Dinkelmehl
- 100 g Rohrzucker
- 1 Ei
- ¾ Päckchen Weinsteinbackpulver
- 1 gehäufte EL Quendelpulver
- 100 g Butter
- 100 g gemahlene Mandeln
- 1 Prise Salz

- eventuell etwas Wasser

Alle Zutaten zu einem Teig verarbeiten, etwa 3 - 4 mm dünn auswalken und Plätzchen ausstechen. Auf einem gefetteten Backblech bei 200° C ca. 15 Minuten backen.

Thymianküchlein

- 1 TL Thymian
- 2 gehäufte EL Mehl
- ¼ l Wasser

Den Thymian mit dem Mehl vermischen und soviel Wasser einkneten bis ein fester Teig entsteht. Kleine Küchlein formen und im vorgeheizten Rohr bei mittlerer Hitze backen. Die Küchlein zur Kräftigung des Körpers noch warm essen und das mindestens 10 Tage lang einmal täglich.

Teekur

- 1 Teil Thymian
- 1 Teil Quendel

Will man den Winter ohne Schnupfen verbringen, dann sollte man vorbeugend eine Thymian- und Quendelkur machen. Trinken sie jeden Abend einen warmen Aufguss zu zwei Prisen von der Mischung für eine Schale Wasser.

Thymianbad

- ½ kg Thymian
- Leinensäckchen

Den Thymian im Beutel ¼ Stunde bedeckt kochen lassen. Das Wasser sowie der Kräuterbeutel in ein sehr heißes Bad (35° - 40° C) geben. Der Rheumatiker soll etwa 20 Minuten darin baden und dann sofort zu Bett gehen und sich fest zudecken, damit er schnell zu schwitzen beginnt. Diese Thymianbäder werden auch trägeren Temperamenten und schwächlichen Kindern empfohlen.

Kataplasma gegen Ischias und Rippenfellentzündung

- ½ Handvoll Thymian
- ½ Handvoll Rosmarin
- ½ Handvoll Lorbeer
- 20 g Kleie
- 12 g Honig
- Wasser-Weingemisch (1:1)
- 20 g Saubohnenmehl (einfach im Küchenmixer mahlen)

Zuerst die Kräuter im Wasser-Weingemisch ca. 15 Minuten kochen lassen, dann Saubohnenmehl, Kleie und Honig hinzufügen. Den Brei auf ein Leinentuch streichen und auflegen.

Thymianeinreibung

- 2 Handvoll getrocknete Thymianpflanzen
- 1 l Schnaps

Den Thymian 2 Wochen in der Sonne oder an einem warmen Ort im Schnaps ziehen lassen, abseihen und fertig ist die schmerzlindernde Einreibung für Gicht, Rheuma, Nervenschmerzen, Verstauchungen, Blutergüsse und Quetschungen.

Thymianwein

- 30 - 60 g getrockneter Thymian
- ½ l Weißwein

Den Thymian 1 Tag lang im Wein mazerieren lassen und abseihen.
Bei traumatischen Verletzungen trinkt man täglich einige Schlucke Wein.

Quendelcreme

- 30 g Quendelkraut
- 70 g Ziegen-, Schaf- oder Rinderfett

Der fein zerstoßene Quendel wird in das erwärmte, flüssige Fett eingerührt. Die Mischung über Nacht ziehen lassen, am nächsten Tag erwärmen und abseihen.
Diese Creme bei unreiner Haut und Hautausschlägen 2 mal täglich dünn aufgetragen.

Thymianessig

- 2 TL Thymianblätter
- 100 ml roter Weinessig

Das Kraut 14 Tage lang an einem warmen Ort oder in der Sonne im Essig ziehen lassen und dann abseihen. Reibt man damit täglich 1 - 2 mal seinen Fußpilz ein, so verschwindet er nach einiger Zeit.

Vanille
Vanilla planifolia

„Sehr gerne spiele ich mit meiner Frau, wenn ihr Duft Vanille ist"
(Redewendung der Lakandonen-Indianer)

Steckbrief

In den tropischen, feuchtheißen Regenwäldern Mittelamerikas gedeiht die hoch in die Bäume aufsteigende, immergrüne Liane aus der Familie der Orchideen. So wie sie sich um die Bäume rankt, ranken sich auch Mythen um ihre Entstehung. Eine davon besagt, dass die Vanille-Liane die verwandelte Tochter, namens „Morgenstern", eines Königs sein. Diese wurde schon früh dem Dienst an einer Göttin geweiht. Aber das Schicksal führte einen gutaussehenden und begehrenswerten Jüngling, Junger Hirsch, zu ihr. Sie verfiel ihm und floh gemeinsam mit ihm aus dem Tempel. Die Flucht wurde bald entdeckt. Daher konnten sie von erzürnten Priestern gefangen und an Ort und Stelle getötet werden. Aus der Erde, die von ihrem verliebten unschuldigen Blut getränkt wurde, wuchs bald ein Busch mit fleischigen Blättern, den sogleich eine Liane umfing, als hätte sie die liebenden Arme einer jungen Frau. Diese Liane verströmte einen bisher ungeahnt köstlichen Duft, der als die Essenz der Seele Morgensterns galt und gilt.

Im 16. Jahrhundert brachten die Spanier dieses entzückende Gewürz, das sie bei den Azteken kennengelernt hatten, nach Europa. Dort hegte man keinen Zweifel an der aphrodisischen Ausstrahlung dieser Pflanze, so dass in manchen Klöstern der Verzehr von Vanille den Mönchen verboten war, um die Einhaltung der Gelübde nicht aufs Spiel zu setzen.

Die kurzlebigen Vanilleblüten haben besondere Bestäubungsorgane und müssen in Kultur von Hand bestäubt werden, damit die begehrten Früchte in 5-7 Monaten heranreifen können. Die länglichen Schoten, die bei uns als Vanillestangen in den Handel kommen, duften bei ihrer Reife süß und weithin wahrnehmbar. Die Früchte werden vor der völligen Reife geerntet, kurz blanchiert und danach getrocknet.

Verwendete Pflanzenteile

- Schoten

Wirkung

⊙ Der Duftstoff der Vanille, das Vanillin, ist mit den Pheromonen, den Sexuallockstoffen des Menschen, die er bei sexueller Erregung verströmt, chemisch verwandt. Daher rührt auch die erotisch stimulierende Kraft der Vanille.

- Laut den Kräuterheilkundigen der Maya, Azteken und Tolteken hat sie eine herzstärkende Wirkung und ist bei akuter und latenter Angst, bei Ermüdung, besonders bei sexueller Erschöpfung anzuwenden. Außerdem bescheinigen sie der Schote, dass sie Kraft und Gesundheit verleiht.
- Weiters wird die Vanille bei Mund- und Bauchleiden, gegen Nierensteine und chronische Schmerzen empfohlen.
- Als menstruationsförderndes Mittel, Gehirnstimulanz und windtreibende Medizin findet sie auch Anwendung.
- Das Vanillin hat weiters eine schwach antiseptische und anästhesierende (betäubende) Wirkung.

Küchen- und Heilrezepte

Wer kennt sie nicht die Powidl-Buchteln mit Vanillesauce oder andere Köstlichkeiten aus der Mehlspeisküche, die mit Vanille verfeinert werden. Sie wird als Aromastoff in Puddings, Cremen, Keksen, Schokolade, Eis, Kompott, Topfen- und Milchspeisen verwendet. Oft genügt eine kleine Dosis, um das jeweilige Gericht geschmacklich aufzuwerten und vollmundig zu machen.

Verwendet man zum Kochen ganze Vanilleschoten, so kratzt man sie aus und nimmt nur das innere, zerbröselte Fruchtfleisch her. Legt man eine Schote einen Monat lang in ein kleines Gefäß mit Staubzucker, so gewinnt man einen unübertroffen leckeren Vanillezucker.

Fallen Sie nicht auf die irreführende Bezeichnung 'Vanillinzucker' herein. In diesem Zucker werden sie nicht die Spur von echter Vanille finden. Das Vanillin wird aus Gewürznelken oder *Ferula assa-foetida*, Stinkasant, extrahiert. Die natürliche Vanille enthält außer dem Vanillin noch 35 andere Aromastoffe und ist nicht nur von der Geschmacksentfaltung her dem reinen Vanillin haushoch überlegen.

Vanillekipferl (diese werden nicht in Staubzucker gewälzt!)

- 140 g Weizen- oder Dinkelmehl
- 100 g Butter
- 80 g Honig
- 100 g geschälte, geriebene Mandeln
- reichlich Vanille

Die Zutaten werden in einer Schüssel mit dem Kochlöffel vermengt. Der Teig ist ziemlich weich, kann aber sofort, ohne zu rasten, verarbeitet werden.

Zu diesem Zweck gibt man etwas Mehl auf das Brett, nimmt ein entsprechend großes Stückchen vom Teig und rollt es mit Hilfe des Mehls zu Kipferln. Diese legt man auf ein gefettetes Backblech und bäckt sie nicht zu rasch und nicht zu dunkel.

Sie werden nicht in Vanillezucker gewälzt, aber sie schmecken durch die reichliche Zugabe von Vanille in den Teig auch so schon kräftig nach Vanille.

Vanilletinktur

- 8 g zerschnittene Vanillestangen
- 100 ml 70% Alkohol
- etwas Zucker (zur Erhöhung der Haltbarkeit)

Die Vanillestangen an einem warmen Ort oder in der Sonne 14 Tage im Alkohol ziehen lassen. Das Präparat abseihen und mit Zucker versetzen (wenn gewünscht).

Mehrmals täglich einige Tropfen davon einnehmen. Dieser Auszug wirkt als Aphrodisiakum, Gehirnstimulanz und/oder menstruationsförderndes Mittel.

Kräftigungstrunk (Mexikanischer Kakao)

- 25 g Kakaobohnen
- 25 g Maismehl
- 1 Prise Cayennepfeffer
- 1 TL Zimt
- 1 - 2 TL Vanilletinktur
- 1 EL Maticopfeffer, falls vorhanden
- 3 - 4 Körner Piment
- 1 dl Wasser
- Honig oder Ahornsirup nach Belieben

Die Kakaobohnen in einer Pfanne leicht rösten und dann zerreiben. Den Kakao und das Maismehl mit dem Wasser verrühren aufkochen und dann die Gewürze zufügen. Bei Bedarf noch süßen und schon ist dieser „Energy-Drink“, der bei Erschöpfungszuständen jeglicher Art neue Energien verleiht, fertig.

Tee gegen Impotenz

- 1 Teil Vanilleschoten
- 1 Teil Pfefferminzblätter
- 1 Teil Blätter und Früchte der Balsambirne (*Momordica charantia*)

Dieser Tee soll 3 mal täglich über längere Zeit getrunken werden.

1 Prise Teemischung mit 1 Tasse kochendem Wasser überbrühen und nach 10 Minuten abseihen.

Wacholder
Juniperus communis

Feuerbaum, Krammetbeere, Kranawitter, Mandel, Queckolder

Steckbrief

Der Wacholder ist eine alte Medizinal- und Kultpflanze. Als magischer Schutz und zum Parfümieren wurde er schon den Mumien in Ägypten beigefügt. Im Mittelalter galt sein Rauch als Mittel gegen Krankheitsansteckung und giftige Schlangen. Im Engadin wird auch heute noch teilweise die Milch durch ein Sieb aus Wacholderzweigen geschüttet, damit sie haltbarer wird.

Das Wacholderöl verleiht auch einem bekannten alkoholischen Getränk sein Aroma, dem Gin. Der Name des Getränks leitet sich aus dem Niederländischen ›Genevere‹ ab und dieses hat sich aus dem lateinischen 'Juniperus' entwickelt.

Der Wacholder ist ein einheimischer, mehrjähriger Strauch, der bis zu 3 Meter hoch werden kann. Seine Rinde ist papierdünn und braun bis rötlich. Neben seinen nadelförmigen, immergrünen Blättern erscheinen in den Monaten April und Mai unscheinbare Blüten, aus denen sich langsam die Beeren entwickeln. Zuerst sind die Früchte grün, mit zunehmender Reife werden sie immer schwärzer und bedekken sich mit einem grauen Flaum.

Am liebsten und besten gedeiht er an einem sonnigen Platz mit sandigen Boden, obwohl er so zäh ist, dass er auf allen sonnigen bis halbschattigen Standorten gedeiht. Die Früchte sollte man im Herbst des zweiten Reifejahres sammeln, da sie erst dann voll entwickelt sind. Leider verlieren sie relativ schnell ihre Heilkraft.

Da der Wacholder lange Pfahlwurzeln bildet, eignet er sich nicht gut als Topfpflanze.

Verwendete Pflanzenteile

- Beeren
- Zweige

Wirkung

- Der Wacholder ist bitter, aromatisch, antiseptisch, harntreibend, verdauungsfördernd, uterusanregend und entzündungshemmend.
- Er regt die Absonderung von Magen- und Darmsaft an. Daher ist er bei träger Magentätigkeit und Blähungen zu empfehlen. Aber auch bei Sodbrennen und Magenentzündungen vermag er zu helfen.
- Da der Wacholder harntreibend ist, den Stoffwechsel sowie die Durchblutung fördert und die abgelagerte Harnsäure aus dem Körper entfernt, wird der Tee innerlich

bei Erkrankungen der Blase, bei Wassersucht und Rheumatismus und Gicht sowie Harnverhaltung verwendet.

- Sehr günstig ist seine Verwendung bei verschiedensten nervösen Störungen, die durch das Nichtfunktionieren des Stoffwechsels mit ausgelöst werden, wie Mattigkeit, Kopfschmerzen, allgemeine Gereiztheit, Mangel an Konzentrationsvermögen, Migräne, nervöse Herzbeschwerden u.ä..
- Der günstige Stoffwechseleinfluss des Wacholdertees oder stark verdünnten Saftes macht sich auch bei Zuckerkranken bemerkbar.
- Wird er äußerlich angewendet (Bäder, Umschläge) unterstützt er die Abheilung schlecht heilender Wunden und beseitigt Durchblutungsstörungen in Beinen und Händen (Abkochung der Zweigspitzen). Sogar gegen Haarausfall und Schuppen soll er helfen.
- Wacholderteer (Kadeöl) wird bei Hautausschlägen, Schuppenflechte und Krätze verwendet, außerdem ist er bei Lähmungen, Katarrh und Nervenerkrankungen zu empfehlen.
- Mit dem Wacholderöl inhaliert man bei Erkrankungen der oberen Luftwege.

! Aufgepasst

In hohen Dosen ruft Wacholderöl Nierenreizungen und Nierenblutungen hervor. Deshalb soll es nur äußerlich anwendet werden!

Schwangere und Nierenkranke sollten keine Wacholderkur machen!

Küchen- und Heilrezepte

Aus der Küche ist die Wacholderbeere nicht mehr wegzudenken; was wären die schmackhaften Pasteten, der Wildbraten und ein deftiges, fettes Fleisch ohne sie. Dem Sauerkraut verleiht sie einen delikaten Geschmack und ist auch bei anderen Kohlzubereitungen ein Pflichtgewürz.

Vor ihrem Gebrauch in der Küche sollte sie leicht angequetscht werden, damit ihre Öle und Duftstoffe leichter von der Speise aufgenommen werden können.

Der Wacholder findet außerdem zur Aromatisierung von Likören Anwendung.

Wacholderwein

- ½ l Beeren
- 1 l Wein
- einige Anisblätter

Die Beeren und die Anisblätter lässt man einen guten Monat lang im Wein ziehen, danach seiht man den Wein ab.

Als harntreibendes und stärkendes Mittel nimmt man pro Tag ein Likörglas voll des Weines.

Beerenkur bei Verdauungsbeschwerden und Blähungen (nach Kneipp)

Mit 4 Stück Beeren beginnen und diese über den Tag verteilt essen. Jeden Tag eine Beere mehr verspeisen und sobald man bei 15 Beeren pro Tag angelangt ist, jeden Tag eine Beere weniger essen und, wenn man nur noch 4 Beeren am Tag isst, die Kur beenden.

Wacholderbeerensirup

- ½ kg Wacholderbeeren
- 3 l Wasser
- ½ - 1 kg Honig

Die Wacholderbeeren mit dem Wasser weichkochen, zerdrücken und nochmals gut aufkochen (eventuell noch etwas Wasser zugeben). Die Masse durch ein Sieb passieren und, wenn sie ausgekühlt ist, soviel Honig einrühren bis eine sirupartige Masse entsteht. Diese füllt man in Glasgefäße.

Bei Appetitlosigkeit, Kraftlosigkeit, Lungenschwäche und auch Lungentuberkulose nimmt man 1 Stunde vor den 3 Mahlzeiten 2 TL von dem Sirup. Kinder bekommen nur 1 TL voll.

Wacholderschnaps

- 5 Teile Schnaps 40 % - 50 %
- 1 Teil Wacholderbeeren (leicht angequetscht)

Die Beeren mit dem Schnaps in einem verschließbaren Gefäß übergießen, 2 Wochen in der Sonne oder an einem warmen Ort stehen lassen (tgl. schütteln) und dann durch ein Tuch abseihen.

Ein kleines Likörglas davon früh und abends trinken.

Außerdem ist dieser Schnaps auch äußerlich als Einreibung bei verschiedensten Leiden, wie Gicht, Ischias und Rheuma, mit Erfolg anwendbar.

Ysop
Hyssopus officinalis

Eisewitt, Gispel, Isop, Josefskraut, Kirchenseppli

„Entsündige mich durch Ysop, dass ich rein sei!“
(AT, 51. Psalm, 9. Vers, David zu Gott)

Steckbrief

Schon früh wurde der Ysop in Burg- und Klostergärten angebaut, obwohl seine Heimat im Mittelmeergebiet liegt. Nach einer deutschen Volkssage soll der Ysop von Jesus persönlich auf die Erde gebracht und dort angepflanzt worden sein. Auf jeden Fall ist er eine Pflanze, die schon in der Bibel erwähnt wird. Denn der griechische Pflanzenname ‘hýssoopos’ beruht höchstwahrscheinlich auf dem Hebräischen ‘ezob’ (heiliges Kraut).

Der immergrüne Halbstrauch, der mit violetten Blüten (es gibt auch Sorten, die weiß blühen) und aromatischem Duft die Sinne betört, braucht einen sonnigen Platz und neutralen Boden zum Gedeihen. Am besten erntet man immer vor und während der Blüte frische Blätter.

Werden sie getrocknet, so müssen sie in gut verschließbare Gefäße gefüllt werden, da sie ansonsten ihr Aroma verlieren.

Verwendete Pflanzenteile

- Blätter

Wirkung

- Der Ysop ist ein bitteres, aromatisches, zusammenziehendes, schleimlösendes Kraut, das entzündungshemmend und fiebersenkend wirkt. Er kräftigt außerdem das Verdauungs-, Harn-, Bronchial- und Nervensystem.
- Bei Darmerkrankungen kann er seine heilenden Kräfte voll ausspielen. Zur Milderung von Blähungen und Koliken ist die blühende Pflanze am besten geeignet.
- Seine entschleimenden, blutreinigenden, eröffnenden, anregenden und stärkenden Heilstoffe erklären seine reinigende Wirkung, die schon im Alten Testament erwähnt wird.
- Der Ysop hilft bei Leberschmerzen, Traurigkeit, Melancholie und Depression. Um wieder in Stimmung und zu Kräften zu kommen macht man ein Ysopöl-Bad. Dazu werden 5 Tropfen Ysopöl mit 1 EL Mandelöl oder Sahne vermengt und dem Badewasser beigeben.

- Weiters ist er zum Einleiten einer verspäteten oder zu schwachen Menstruation geeignet.
- Der Aufguss wirkt heilend, aufgrund seiner auswurffördernden Eigenschaften, bei erkrankten Atemorganen, Husten und Lungenkrankheiten. Ysopextrakte bekämpfen auch Viren. Beim Asthma kommt auch noch seine entspannende Wirkung voll zu tragen.
- Noch dazu ist er ein gutes Mittel gegen Gelenkentzündungen, Rheuma.
- Bei äußerlicher Anwendung ist Ysop hilfreich bei Verbrennungen und Prellungen. Bei Schnittverletzungen sowie Quetschungen sind die blühenden Pflanzen am hilfreichsten.

! Aufgepasst

Nur in kleinen Dosen verwenden! Höchstens 1 – 2 g des getrockneten Krauts zweimal täglich innerlich einnehmen!

Küchen- und Heilrezepte

Sein salbei-minzeartiger und leicht bitterer Geschmack lässt ihn Salaten, Bohnen, Gemüsesuppen und Bowlen ein erfrischendes Aroma verleihen.

Sogar ein Likör, Chartreuse, wird aus Ysop hergestellt.

Ysop-Huhn

- 1 junges Suppenhuhn
- Salz
- 10 Stängel frisches oder 2 - 3 EL getrocknetes Ysopkraut

Das Suppenhuhn mit Ysop und etwas Salz in Wasser kochen und eine Hühnersuppe zubereiten. Kein anderes Gewürz verwenden!

Als Suppeneinlage werden Dinkelnudeln, -griesnockerl oder -fritatten genommen.

1 - 3 mal wöchentlich Hühnersuppe und Ysop essen.

Diese Hühnchenkur schafft bei schwermütigen Gemütszuständen Erleichterung.

Ysopwein

- 1 l Wein
- 20 Stk. Ysopzweige

Die Ysopzweige im Wein 1 - 2 Tage ziehen lassen. Bei Bedarf 2 mal täglich einen Ysopzweig herausnehmen und die Blätter essen. Vom Wein täglich 2 Likörgläser trinken, um die Stimmung der Seele aufzuhellen.

Zimt
Cinnamonum ceylanicum

„Der Zimt ist auch sehr warm und hat starke Kräfte und mäßig Feuchtigkeit in sich … und wer ihn oft isst, dem mindert er die üblen Säfte und bereitet gute Säfte in ihm.“
(Hildegard von Bingen)

Steckbrief

Schon die Griechen verwendeten Zimt und wussten sich Geschichten über dessen Herkunft zu erzählen, die auch gleichzeitig seinen enormen Preis erklären sollten. In einer davon wächst der heiß begehrte Zimtbaum in den Nestern des Feuervogels Phönix. Daher war die Zimternte ein heikles, lebensgefährliches Unterfangen, denn die Phönixe mussten mit verendeten Tieren von ihren Nest weggelockt werden. Nur diese kurze Zeit, die der Vogel brauchte, um das Aas zu verschlingen, konnte der Zimtsammler nutzten, um einige Zweige des edlen Gewächses aus dem Nest zu erbeuten.

Die Wirklichkeit ist weniger phantastisch. Der Zimtbaum, ein Lorbeergewächs, gedeiht in tropischen und subtropischen Ländern. In freier Natur wird er zwischen 8 und 12 m groß. In Plantagen wird er auf einer Höhe von 2 m gehalten. Seine großen länglichen Blätter sind ledrig und mit vielen Adern durchsetzt, die jungen Blätter sind rot und werden mit dem Alter grün. Seine kleinen Blüten und Früchte wirken unscheinbar.

Zur Ernte werden die ein- bis zweijährigen Triebspitzen geschnitten und die Rinde abgeschält. Diese wird 24 Stunden lang fermentiert, danach wird die äußere Rinde abgeschabt und die innere geschält, schichtweise übereinander gelegt und getrocknet, woraus sich durch Einrollen die bei uns im Handel erhältlichen Zimtstangen formen. Von bester Qualität sind dünne Stangen, die sich von beiden Seiten her einrollen.

Verwendete Pflanzenteile

- Innenrinde

Wirkung

- Der Zimt ist ein scharfes, süßes, wärmendes Gewürz, das den peripheren Blutkreislauf anregt. Außerdem ist er verdauungsfördernd, entzündungshemmend, krampflösend sowie fieber- und blutdrucksenkend.
- Das ätherische Öl der Zimtrinde regt die Bildung der Magensäfte an. Seine zusammenziehende Wirkung macht ihn zu einem wertvollen Mittel gegen Durchfall. Aber auch bei Erbrechen, Übelkeit und Magendarmkatarrh ist er wirksam.
- Er ist besonders für Menschen mit einer niedrigen Körpertemperatur geeignet.

- Auch bei Menstruationsschmerzen, Zwischenblutungen und zu schwacher Blutung ist er hilfreich.
- Zimtöl wirkt gegen Bakterien und Pilze. Es kann äußerlich bei Pilzbefall und zur Durchblutungsförderung verwendet werden. Man verdünnt dazu das 5 Tropfen Öl mit 1 EL Mandelöl.
- Er wirkt auch positiv bei Rheuma und Arthritis.
- Auch senkt er zu hohen Blutdruck.
- Weiters wird er bei Nasennebenhöhlenentzündungen, Schwellungen der Nasenschleimhaut, Nasenpolypen, Abstumpfung von Gehör-, Geruchs- und Geschmackssinn und zur allgemeinen Säftereinigung im Kopfbereich verwendet.
- Außerdem wirkt er unterstützend bei Depressionen und Nervenleiden.
- Der Zimt wurde schon in der Antike als aromatisches Gewürz und als Heilmittel geschätzt, mit dem man Erkältungen behandelte, die Verdauung erwärmte und Blähungen linderte. Außerdem wurden ihm aphrodisische Kräfte zugesprochen.

Küchen- und Heilrezepte

Wegen seines süßlichen, holzigen und intensiven Aromas wird der Zimt zur Zubereitung von Glühwein, Puddings, süßen gebackenen Speisen und gedünstetem Obst verwendet. Probieren Sie das englische Kuchengewürz einmal zur Abwechslung in einem Germgugelhupf in Kombination mit Rosinen und Walnüssen. Es wird Ihnen munden.

Der Zimt ist auch ein wichtiges Gewürz der asiatischen Küche und Bestandteil vieler Currys. Die Mischung des berühmten jüdischen Arztes und Schriftgelehrten Maimonides, der Hausarzt am Hofe Saladins (Kairo) war, verhilft einer einfachen Kartoffelsuppe zu einem neuen leckeren Aroma, wenn man 1 - 2 TL beim Anbraten der Zwiebel dazugibt und auch den Einsatz von etwas Cayennepfeffer nicht scheut.

Die normale Hausmannskost lässt sich auch durch die zurückhaltende Verwendung von Zimt bei Fisch, Wild und Lamm geschmacklich erweitern.

Gewickelte Zimmetbuchteln

Teig

- 320 g Weizenmehl
- 2 EL Sojamehl
- ½ TL Meersalz
- 1 ½ dl Milch
- 20 g Hefe
- 60 g Butter
- 2 Dotter

Fülle

- 40 g Mandeln
- 40 g Rosinen
- 4 TL Zimt
- 4 TL Honig

Für die Form

- 50 g Butter

Das Weizenmehl in einer Schüssel mit Sojamehl und Meersalz vermischen, die Dotter und den Honig einrühren und dann den in warmer Milch aufgelösten Germ ebenfalls verrühren. Die zerlassene Butter darübergießen und den Teig gut abschlagen, bis er glatt ist und nicht mehr klebt. Den Teig an einem warmen Ort bedeckt gehen lassen.

Inzwischen die Mandeln brühen, abziehen und blättrig schneiden. Die Rosinen heiß waschen und abtropfen lassen. Zimt, Honig, Mandeln und Rosinen vermengen.

Aus dem gegangenen Teig mit einem Esslöffel 16 Stücke abstechen und jedes Teigstück nochmals zusammenschlagen, zu einem Rechteck flachdrücken, mit Fülle bestreichen, von der Schmalseite aus zusammenrollen und gut verschließen.

50 g Butter zergehen lassen und jede Buchtel darin eintauchen, nebeneinander in eine Form legen, dabei etwas zusammenschieben und die restliche Butter darübergießen.

Mit einem Tuch bedeckt gehen lassen. Das Rohr auf 200°C vorheizen und die Buchteln auf der Mittelschiene in ca. 30 Minuten goldgelb backen.

Herausnehmen, stürzen und die Buchteln voneinander lösen. Sie werden kalt, aber frisch gegessen.

Englisches Kuchengewürz

- 1 Stange Zimt
- 1 TL gemahlener Ingwer
- 1 EL geriebene Muskatnuss
- 1 EL Koriandersamen
- 1 EL gemahlene Nelken
- 1 EL gestoßene Macis

Den Zimt und die Koriandersamen mahlen und die anderen Gewürze untermengen. Probieren sie diese sehr beruhigende Gewürzmischung in einem Germgugelhupf oder in Gewürzkeksen aus. Sie werden angenehm überrascht sein.

Gewürzmischung von Maimonides

- 8 Teile Zimt
- 4 Teile langer Pfeffer *(Piper longum)*
- 1 Teil Macis
- 8 Teile Anis
- 4 Teile Galgantwurzel
- 1 Teil Muskat

Die zerkleinerten Gewürze vermischen und in einem Glasgefäß aufbewahren.

Diese Gewürzmischung hat belebende und stimulierende Wirkung.

Zimttee (Schaü al kirfi)

- ½ l Wasser
- 10 TL Zucker oder 5 Tl Ahornsirup
- 4 TL Zimtpulver
- 3 EL gehackte Walnüsse

Das Wasser wird gemeinsam mit dem Zimt zum Kochen gebracht. Eine Viertelstunde köchelt man das Gemisch und fügt dann den Sirup oder den Zucker zu, um weitere 2 Minuten alles zusammen kochen zu lassen.

Nun nimmt man das Gebräu von der Flamme, gießt es in Teetassen, garniert sie mit den gehackten Walnüssen und serviert ihn heiß.

Glühwein

- ½ l Rotwein
- 1 Zimtstange
- 2 - 3 Zitronenscheiben
- geriebene Schale einer ungespritzten Zitrone
- 2 - 3 EL brauner Rohrzucker
- 2 ganze Nelken

Den Wein mit Zucker, Gewürzen und Zitronenschale mischen und in einem Steingutgefäß am Herd langsam aufwärmen. Dabei darauf achten, dass das Gebräu nicht zu kochen beginnt.

Sobald es soweit abgekühlt ist, dass man es trinken kann, abseihen und die Zitronenscheiben hinzufügen.

Nicht nur zur Vertreibung der Kälte in den Gliedern, sondern auch zur Bekämpfung von Grippe eignet sich dieser hitzige Wein. Bei einer Grippeattacke den Glühwein trinken, sich ins warme Bett legen und schlafen. Währenddessen schwitzt man förmlich die Krankheit aus sich heraus und ist am nächsten Tag wieder auf den Beinen.

Hypocras

Aphrodisiakum von Ludwig XIV von Frankreich

- 1 l Rotwein
- 2 Peperoni
- 1 in Scheiben geschnittene Renette
- 3 Stangen Zimt
- 350 g Zucker
- 2 EL grob gehackter Ingwer
- 12 Gewürznelken
- 1 Körnchen grauer Amber

Alle Gewürze und anderen Zutaten einen Tag lang im Wein mazerieren. Danach alles durch ein Sieb gießen und den aromatisierten Wein in einer Glasflasche verwahren.

Der Wein schmeckt zwar stark nach Zimt, aber er lässt einem im Himmel der Lustbarkeiten schweben.

Gewürze und der Magen-Darm-Trakt

Unsere Verdauungsorgane ermöglichen es uns, aus der Nahrung alle wertvollen und lebenswichtigen Stoffe aufzunehmen, die wir für unser tägliches Leben so dringend brauchen. Schon im Mund beginnt mit dem Speichel eine Vorverdauung der Nahrung. Daher ist gutes Kauen wichtig und magenentlastend. Im Magen wird der Speisebrei mit weiteren Säften vermengt, die die Nährstoffe so umwandeln, daß der Körper sie aufnehmen kann. Die Zugabe der Magensäfte ist genau berechnet. Doch manchmal bekommt der Magen Schwierigkeiten, wenn der Mageninhalt mit Getränken so verdünnt wird, daß seine begrenzten Mittel nicht mehr ausreichen, den Speisebrei mit genügend Sekret zu versorgen. Daher soll man nur einige Zeit vor oder nach dem Essen trinken, aber nicht währenddessen. Der Darm zieht aus dem wäßrigen Nahrungsbrei alles Nötige und manchmal auch Unnötige (Gifte) heraus. Im Dickdarm wird das kostbare Wasser dem Brei entzogen, der Rest verabschiedet sich aus dem Körper.

Eine Eigenschaft aller Gewürze ist ihre günstige Wirkung auf die Verdauung. Ein Teil von ihnen vertreibt Blähungen (**Anis, Basilikum, Bohnenkraut, Dill, Fenchel, Estragon, Galgant, Gewürznelken, Ingwer, Knoblauch, Koriander, Kümmel, Kurkuma, Liebstöckel, Muskatnuss, Petersilie, Pfeffer, Piment, Rosmarin, Safran, Thymian, Vanille, Wacholder** und **Zimt**), andere verhindern Krämpfe und Koliken (**Anis, Bohnenkraut, Dill, Knoblauch, Kurkuma, Liebstöckel, Lorbeer, Majoran, Melisse, Minze, Petersilie, Safran** und **Thymian**), und wieder andere wirken allgemeinen Magenbeschwerden entgegen (**Anis, Estragon, Fenchel, Gewürznelken, Kren** (äußerst gering dosiert!), **Liebstöckel, Lorbeer, Muskatnuss** und **Ysop**). Bei Krämpfen und Koliken empfiehlt sich auch ein Sitzbad in **Dill**tee oder das Trinken einer Abkochung von 3 **Lorbeer**blättern. Auch der Genuß von **Petersilie**nsaft oder einer Abkochung ihrer Wurzeln ist bei Krämpfen angebracht.

Magenübersäuerung, heutzutage ein weitverbreitetes Leiden, läßt sich mit **Estragon** bekämpfen. Dem Gegenteil, der Magenverschleimung heute eher selten, kann auch zu Leibe gerückt werden. Dafür sorgt der **Liebstöckel**.

Auch Entzündungen (**Basilikum, Minze** (wirkt auf den Dickdarm) und **Wacholder**), Magengeschwüren (**Gewürznelken**), Völlegefühl (**Galgant, Koriander** und **Kümmel**), Resorptionsstörungen (**Bertram**) und Vergiftungserscheinungen (**Basilikum**) wirken Gewürze entgegen. Durchfall (**Bohnenkraut, Ingwer, Knoblauch, Liebstöckel, Pfeffer, Pimpinelle, Salbei** und **Zimt**) oder Verstopfung (**Basilikum, Kerbel, Knoblauch, Koriander** und **Senf**) beheben sie ebenfalls. Der **Senf** reguliert auch den Stuhlgang.

Die Verdauung kann allgemein mit **Bertram, Bohnenkraut, Fenchel, Chilis, Knoblauch, Koriander, Kren** (s.o.), **Kümmel, Liebstöckel, Lorbeer, Minze, Muskatnuss, Petersilie, Pfeffer, Piment, Pimpinelle, Rosmarin, Salbei, Vanille** und **Wacholder** oder durch die Steigerung der Mundspeichel- (**Bertram, Pfeffer** und **Piment**) und Magensaftsekretion (**Dill, Koriander, Majoran, Pfeffer, Wacholder** und **Zimt**), der Magen- und Darmschleimproduktion (**Fenchel**) oder der Gallenproduktion (**Kurkuma, Melisse** und **Rosmarin**) gefördert werden. Der **Senf** ist ein Würzmittel, das mit Bedacht zu gebrauchen ist. Denn in geringen Dosen erwärmt und stimuliert er das Verdauungssystem. In höheren Dosen aber kann er zu Magenreizungen führen. Die Darmflora wird von **Knoblauch** reguliert, und der Darm selber wird von **Knoblauch** und **Kümmel** desinfiziert. Daher ist die Einnahme einer **Knoblauch**tinktur bei Ruhr, Cholera und Typhus zu begrüßen.

Die Scharfstoffe von **Chilis** wirken innerlich anregend auf den Magen-Darm-Trakt. Mit Maß und Ziel angewandt sind sie ein magenstärkendes Mittel, das aber nicht überdosiert werden soll (Überreizung kann sonst die Folge sein). Ein milderes Würzmittel, das besonders älteren Menschen zu empfehlen ist, um Verdauungsbeschwerden entgegenzuwirken und die Verdauungsorgane in Schwung zu halten, ist der **Ingwer**. Ebenso ist der **Rosmarin**, der durchblutungsfördernd ist, bei Verdauungsschwächen und Erschlaffungszuständen des Magens infolge von ungenügender Blutversorgung zu empfehlen. Mit derselben Eigenschaft (Durchblutungsförderung) erwärmt auch der **Zimt** die Verdauungsorgane. Bei Sodbrennen schafft der **Wacholder** Abhilfe.

Ebenso werden Würmer (**Bohnenkraut, Gewürznelken, Knoblauch!!** und **Thymian** (Hakenwürmer)) und Darmparasiten (**Minze**) von etlichen Gewürzen in die Mangel genommen. Das angenehmste Rezept gegen Würmer ist mit **Knoblauch** eingeriebenes Brot, das mit Olivenöl beträufelt wird.

Selbst bei Erbrechen und akuter Übelkeit können Gewürze (**Basilikum, Dill, Ingwer, Knoblauch, Muskatnuss** und **Salbei**) verwendet werden. Der kandierte **Ingwer** kann auch die handelsüblichen Präparate gegen Reisekrankheit ersetzen. Er ist in China das Mittel gegen Reiseübelkeit.

Bei Schluckauf kann man ruhig einmal statt dem klassischen Glas Wasser eine Tasse Tee (**Dill** oder **Estragon**) trinken.

Nicht zu verachten ist auch die stark appetitanregende Wirkung etlicher Gewürzkräuter, die einem das Wasser im Mund zusammenrinnen läßt. Jedes gute Restaurant profitiert von dieser Eigenschaft, denn wer hat es noch nicht erlebt: man kann zwar ein Lokal mit wenig Hunger betreten und sich vornehmen, heute mal keine große Portion zu essen, aber kaum steigen einem die Düfte der leckeren Speisen und Aromate in die Nase, läßt der Magen seine Zustimmung zu einer üppigeren Mahlzeit verlauten. Zum Abspecken eignen sich diese Gewürze nicht, aber dafür sind sie notwendig, um Menschen, die eine schwere Krankheit hinter sich haben oder an Appetitlosigkeit leiden, aufzupäppeln. **Dill, Estragon, Kerbel, Ingwer, Galgant, Koriander, Kurkuma, Liebstökkel, Lorbeer, Majoran, Piment, Salbei** und **Senf** gehören zu diesen Verführern der Magennerven. Der **Zimt** hilft jedem, dem das Mahl nicht mehr munden will, da die Geschmackssinneszellen schon abgestumpft sind. Er hat die Fähigkeit diese wieder zu beleben.

Leidet jemand an Milchunverträglichkeit, so kann er diese durch den gleichzeitigen Genuß von **Mutterkümmel** (=**Kreuzkümmel**) minimieren.

Säuglingen und Neugeborenen kann man die Umstellung auf die Nährstoffaufnahme durch den Magen-Darm-Trakt erleichtern. Wenn man gleich nach der Geburt dem neuen Erdenbürger einen schwachen **Fenchel**tee verabreicht, werden die Anlaufschwierigkeiten der Verdauung gemildert. **Dill**tee hat den Vorteil, daß er außer dem Magen auch noch die Psyche des Kindes beruhigt.

Kochsalzverbrauch

Das weiße Gold unserer Vorväter ist uns inzwischen zu einem Fluch geworden. Litt man in früheren Zeiten an den Folgen einer Salzunterversorgung, so leiden jetzt die Menschen an einem Zuviel des guten Salzes. Die Bedeutung des Salzes in der Geschichte spiegelt sich in vielen Städtenamen wie Salzburg, Reichenhall, Hallein, Bad Hall, etc. wieder (Hall ist das Keltische Wort für Salz).

Der empfohlene, für den Körper tolerierbare Salzverbrauch liegt bei 5 - 7 g pro Tag, wobei Kritiker anmerken, dass es 1 - 2 g pro Tag auch tun würden. Der tatsächliche Salzkonsum liegt weit höher als der Grenzwert nämlich bei 10 – 17 g. Dieser Wert ist die Summe des Salzgehaltes der unterschiedlichsten Lebensmittel, die wir zu uns nehmen. Faktisch alle Lebensmittel (bis auf wenige Ausnahmen), die man fertig kaufen kann – Fischkonserven, Wurst, Käse, Tiefkühlgerichte, Saucen, Suppen, etc., – enthalten Salz. Meist zuviel, da Salz auch ein gutes Konservierungsmittel ist. In Restaurants sind die Gerichte auch meist sehr kräftig gewürzt, sprich salzig. Da Kochsalz Durst erzeugt, wirkt sich das auf den Getränkekonsum äußerst positiv aus. Man selbst verwendet, da man es ja schon so gewöhnt ist, meist zuviel Salz beim Kochen.

Natürlich kann unser Körper das überschüssige Natrium über die Nieren ausscheiden. Aber leider erhöht er damit auch die Ausscheidung von Kalium. Da aber Kalium blutdrucksenkend und sehr wichtig für den Stoffwechsel ist, erweist es sich als wichtig, die gerade noch tolerierbare Salzmenge von 5 - 6 g täglich nicht zu überschreiten. Ansonsten kann es zu Wasseransammlungen in den Geweben, hohem Blutdruck, da das Blutvolumen ansteigt, und Nierenerkrankungen kommen. Besonders bei sogenannten 'salzempfindlichen' Personen.

Gewürzmischungen und einzelne Gewürze, wie **Galgant** und **Gewürznelke** können einem helfen, den Salzverbrauch zu drosseln.

Salzersatzmischungen

A: macht z.B.: das Frühstücksei salzlos würzig.

- 2 g Basilikum
- 3 g Dill
- 3 g Thymian
- 2 g Ingwer

Alle Gewürze fein pulverisieren und gut mischen.

B: Salzarme Eintöpfe, Eierspeisen, Schmalzbrote, Bratkartoffel und Käsebrote werden schmackhaft.

- 5 g Beifuss
- 3 g Basilikum
- 3 g Thymian
- 2 g Rosmarin

Alle Gewürze fein pulverisieren und gut mischen.

C: Gulasch und Fleischgerichte mit wenig Salz, aber deftig.

- 5 g Basilikum
- 3 g Majoran
- 3 g Kurkuma
- 2 g Ingwer
- 1 g Cayennepfeffer

Alle Gewürze fein pulverisieren und gut mischen.

D: Pikante Gerichte, salzarm aber geschmackvoll

- 3 g Basilikum
- 3 g Majoran
- 3 g Petersilie
- 3 g Thymian
- 2 g Schnittlauch
- 1 g Paprika
- 1 g Rosmarin
- 1 g Zwiebelpulver

Alle Gewürze pulverisieren und gut mischen.

E: sanfter Salzminimierer

- 8 g Petersilie
- 8 g Bohnenkraut
- 8 g Thymian
- 2 g Majoran

Alle Gewürze fein pulverisieren und gut mischen.

Gewürzmischungen, Marinaden und Pasten

Die Sanften

Bouquet garni (s. Petersilie)

Bohnenkraut-Gewürzmischung (s. Bohnenkraut)

Einmachmischung

- 20 g ganze Senfkörner
- 5 g zerdrückter weißer Pfeffer
- 5 g zerdrückter schwarzer Pfeffer
- 5 g zerdrückte Koriandersamen
- 5 g ganze Kardamomsamen
- 2 g ganze Nelken
- 4 g kleingeschnittene Ingwerwurzel

Legen Sie selbst Gemüse ein, so probieren Sie einmal diese aromatisch scharfe Gewürzmischung. Sie gibt Ihren eingemachten Kostbarkeiten sicherlich den letzten Schliff.

Fine herbs (s. Petersilie)

Fischverfeinerer

I)

- 2 TL gestoßene Fenchelsamen
- ½ TL gestoßene Koriandersamen
- 1 TL gerebelter Thymian
- 1 geriebene Knoblauchzehe
- 2 EL Zitronensaft
- ½ TL frisch gemahlener schwarzer Pfeffer

Die Gewürze werden mit dem Zitronensaft vermischt und fertig ist die Fischmarinade. Besonders gut mundet sie zu gebratenem oder gebackenem Fisch.

Das Vitamin C der Zitrone verhindert die Bildung von krebserregenden Aminen aus gebratenem Eiweiß. Diese Bildung findet normalerweise durch die Einwirkung der Salzsäure im Magen statt! Daher immer Zitrone zu gebratenem Fleisch und Fisch.

II)

- 2 EL fein gehackte Petersilie
- 1 EL Schnittlauchröllchen
- ½ EL fein gehackte Minze
- ½ TL gemahlene Senfkörner
- 2 EL Zitronensaft

Zubereitung wie oben Beschrieben. Auch die Verwendung ist dieselbe.

Herbes de Provence (s. Lorbeer)

Kräutermarinade für gebratenes Huhn, Schaschlik oder Lamm

- 175 ml Olivenöl
- 125 ml Zitronensaft
- 1 TL Salz
- 125 ml trockener Rotwein oder Sherry
- 4 - 6 gehackte Knoblauchzehen
- ½ geriebene Zwiebel
- frisch gemahlener schwarzer Pfeffer
- 2 - 3 EL gehackter frischer oder 1 EL getrockneter Rosmarin

Die Zutaten für die Marinade werden in einer Schüssel oder einem Emailgefäß (kein Metallgefäß!) gut vermischt. Das gewünschte Fleisch lässt man darin ca. 6 Stunden ziehen und grillt es dann.

Milchmischung

- 20 g Basilikum
- 10 g Anis
- 10 g Fenchel
- 10 g Majoran

Der Anis wird mit dem Fenchel gemeinsam zerdrückt. Den Majoran und Basilikum rebelt man mit der Hand.

Diese Mischung verschafft nicht nur Suppen eine neue Nuance, sondern sie hilft auch der stillenden Mutter genug Milch für ihr Kind zu bilden.

Pizzahauch

- 8 g Rosmarin
- 5 g Thymian
- 3 g Paprika

Die Gewürze fein vermahlen. Den Pizzahauch lässt man zur Krönung über die köstlich belegte Pizza schweben.

Weißer Pfeffer-Gewürzmischung (s. Pfeffer)

Die Exoten

Asantmischung

- 6 g Asant
- 3 g Majoran
- 3 g Basilikum
- 3 g Thymian
- 3 g Kochsalz

Die Gewürze werden fein miteinander verrieben und danach sparsam verwendet.

Diese ungewöhnliche Kombination rückt Hammelfleisch, Gemüse- oder Fleischeintöpfe, Salzwasserfische, Bratkartoffeln und Hülsenfrüchte ins rechte Licht. Doch dosieren Sie anfangs vorsichtig, da der Geschmack leicht kippt.

China-Gewürzmischung

- 1 EL Fenchelsamen
- 1 Zimtstange
- 3 cm frische Ingwerwurzel
- 1 TL Gewürznelken
- 1 TL frisch gehackte Minze

Der Ingwer wird fein gehackt und die Nelken zusammen mit den Fenchelsamen sowie der Zimtstange gemahlen. Nun vermengt man die Zutaten und hat eine feine Mischung, um Süß-saure Gerichte exzellent schmecken zu lassen. Aber auch zu Desserts und frittiertem Fleisch lässt sich die Mischung verwenden.

Ceylon-Curry (s. Bockshornklee)

Garam masala

- 1 EL Kardamomsamen
- 1 TL schwarzer Mutterkümmel
- 1 TL schwarze Pfefferkörner
- 1 TL Nelken
- 5 cm Zimtstange
- 1 EL Macisblüten oder gemahlene Muskatnuss

Die Gewürze werden gemeinsam zu einem feinen Pulver vermahlen und am Ende der Kochzeit der Speise zugefügt. Es wird oft zur Verfeinerung von Currygerichten verwendet.

Grüne Masala-Paste (s. Bockshornklee)

Maimonides-Gewürzmischung (s. Zimt)

Tahini-Paste

Diese gewürzte Sesampaste findet man angefangen von den Küchen Griechenlands bis zu denen des Nahen Ostens. Zu Lamm, Gegrilltem oder Salaten ist sie eine wohlschmeckende Bereicherung.

- 1 zerdrückte Knoblauchzehe
- 125 ml Tahin ohne Salz (Bioladen)
- 60 ml Zitronensaft
- ¼ TL Salz
- frische, gehackte Petersilie oder Koriander

Eine Servierschüssel wird mit dem Knoblauch ausgerieben und der restliche Knoblauch in der Schüssel gelassen. Nun vermengt man in dem Schälchen Tahin, Zitronensaft und Salz mit einer Gabel. Vor dem Servieren reinigt man den Schüsselrand und bestreut die Paste mit dem gehackten Grün.

Die Feurigen

Berbere

- 1 TL gemahlener Ingwer
- ½ TL gemörserter Koriander
- ½ TL geriebene Muskatnuss
- ¼ TL gemahlenes Piment
- 2 EL fein gewiegte Zwiebel
- 2 EL Meersalz
- 2 EL Cayennepfeffer
- 350 ml Wasser
- ½ TL frisch gemahlener schwarzer Pfeffer
- ½ TL gemörserter Bockshornklee
- ½ TL gemörserter Kardamom
- ¼ TL gemahlene Nelken
- ¼ TL gemahlener Zimt
- 6 EL geriebene Knoblauchzehen
- 230 g süßer Paprika
- 3 EL trockener Rotwein oder Sherry
- 2 EL Erdnussöl

Die ersten acht Gewürze (Ingwer bis Zimt) werden in einer trockenen Pfanne bei schwacher Hitze unter ständigem Rühren erwärmt. Nach 2 Minuten nimmt man sie vom Herd und lässt sie 10 Minuten lang auskühlen. Im Mixer werden sie dann mit der Zwiebel, dem Wein, dem Knoblauch und 1 EL Salz zu einer Paste verarbeitet. Nun mengt man den Paprika, den Cayennepfeffer und das restliche Salz darunter. Diese Paste wird nun wieder bei schwacher Hitze in einer trockenen Pfanne angeröstet. Dabei gießt man nach und nach das Wasser dazu und mischt alles gut. Die Mischung lässt man 15 Minuten unter Rühren simmern. Nun ist alles getan, und die Paste wird in saubere Schraubgläser gefüllt. Damit sie auch wirklich 6 Monate im Kühlschrank haltbar bleibt, wird, nachdem die Paste vollständig ausgekühlt ist, das Erdnussöl darübergegossen und das Glas luftdicht verschlossen.

Diese Äthiopische Gewürzpaste verleiht allen Fleischspeisen ein Feuer und eine unnachahmliche, abgerundete Geschmackskomponente.

Cajun

- 2 fein geriebene Knoblauchzehen
- 2 TL Salz
- 1 TL zerstoßener Kreuzkümmel
- 1 TL feingehackte Salbeiblätter
- 1 TL frisch gemahlener schwarzer Pfeffer
- 1 kleine, fein geriebene Zwiebel
- 2 TL süße Paprika
- 1 TL Cayennepfeffer

Die Zutaten werden gründlich miteinander vermischt und fertig ist das exotische Gemisch aus Louisiana (Nord Amerika). Es passt zu allen Fleisch- und Fischgerichten als auch zu Reis- und Gemüseeintöpfen.

Harissa (s. Chillies)

Sambalan (s. Chillies)

Zhug

Eine legendäre, scharfe jemenitische Gewürzpaste, die in Eintöpfe oder Gemüsegerichte gerührt wird. Sie wird auch zu Pita-Sandwiches, Kebab oder Fondue gereicht.

- 5 - 6 rote oder grüne Peperoni
- 3 - 4 Knoblauchzehen
- ¾ TL Salz
- Frisch gemahlener schwarzer Pfeffer
- 1 TL Kreuzkümmel
- ¼ TL gemahlener Kardamom

Mit Gummihandschuhen bewaffnet die Samen der Peperoni entfernen. Danach die Peperoni mit dem Knoblauch gemeinsam in einem Mixer pürieren. 1 - 2 TL Wasser werden mit den restlichen Gewürzen zugefügt.

In einem gut verschlossenen Schraubglas ist Zhug bis zu einer Woche haltbar.

Die Süßen

Englisches Kuchengewürz (s. Zimt)

Hildegard-Keksmischung (s. Muskat)

Kompottmischung

- 20 g Koriander
- 10 g Nelken
- 10 g Kardamom
- 10 g Ingwer

Die Bestandteile werden zu einem mittelfeinen Pulver vermahlen und vermischt. Diese Mischung eignet sich glänzend für Stachelbeer- oder Pflaumenkompott.

Weingebäckmischung (s. Galgant)

Kräuter und Butter

Farbenfroh und aromatisch sorgt die Kräuterbutter für Gaumenfreuden beim Verzehr von Weißbrot, Gemüse, Geflügel, Fisch oder Fleisch.

Es ist keine Hexerei sie zuzubereiten aber sie schmeckt teuflisch gut. Dazu lässt man die Butter bei Zimmertemperatur weich werden und schlägt dann die Gewürze mit der Hand oder dem Mixer unter. Darf die Kräuterbutter noch 3 Stunden vor dem Servieren auskühlen, so ist der Geschmack perfekt.

Petersilienbutter

- 15-20 g gehackte, frische Petersilie
- 1 EL Zitronensaft
- 1 TL Worcester-Sauce
- 250 g weiche Butter

Alle Zutaten miteinander gründlich vermengen.

Knoblauchbutter

- 4-6 Zehen Knoblauch
- 1 Prise Salz
- 250 g weiche Butter

Den Knoblauch pressen und mit den restlichen Zutaten vermengen.

Knoblauch-Zitronen Butter

- 2 TL frisch gepresster Knoblauch
- 2 EL Zitronensaft
- 125 g weiche Butter

Alle Zutaten gut vermischen.

Kräuterallerlei-Butter I

- 1 TL gehackter Majoran
- 1 TL gehackter Thymian
- 1 TL gehackter Rosmarin
- ¼ TL gehackter Knoblauch
- ¼ TL gehackter Basilikum
- ¼ TL gehackter Salbei
- 125 g weiche Butter

Die frisch gehackten Kräuter gründlich mit der Butter vermengen.

Kräuterallerlei-Butter II

- 20 g gehackte Petersilie
- 20 g gehackter Liebstöckel
- 2 TL gehackter Thymian
- ½ TL gehackter Salbei
- ½ TL gehackter Majoran
- ½ TL gehackter Knoblauch
- ¼ TL gemahlener Pfeffer
- 250 g weiche Butter

Die frisch gehackten Kräuter und den Pfeffer gut mit der Butter vermischen.

Kräuterallerlei-Butter III

- 20 g gehackter Kerbel
- 10g gehackte Petersilie
- 10 g gehackter Schnittlauch
- 5 g gehackter Liebstöckel
- 1 gequetschte Knoblauchzehe
- einige Tropfen Zitronensaft
- 5 g Salz
- 250 g weiche Butter

Die frisch gehackten Kräuter, den Zitronensaft und den Knoblauch gut mit der Butter vermischen.

Wie würze ich was?

Fleisch

Schwein
Liebstöckel, Lorbeer, Majoran, Thymian

Kalb
Basilikum, Gewürznelke, Lorbeer, Salbei, Thymian

Lamm
Estragon, Knoblauch, Koriander, Lorbeer, Rosmarin, Salbei, Thymian

Leber
Bohnenkraut, Gewürznelke, Thymian

Niere
Bohnenkraut, Galgant, Rosmarin, Thymian

Gulasch
Knoblauch, Lorbeer, Majoran, Piment, Rosmarin, Salbei, Thymian, Wacholder

Ragout
Bohnenkraut, Kreuzkümmel, Lorbeer, Pfeffer, Thymian, Wacholder

Wild und Geflügel

Kaninchen
Liebstöckel, Lorbeer, Majoran, Thymian, Zitronenmelisse

Hirsch
Galgant, Gewürznelke, Majoran, Thymian, Wacholder, Ysop

Huhn
Anis, Basilikum, Curry, Ingwer, Majoran, Rosmarin, Thymian, Safran

Ente
Anis, Ingwer, Kümmel, Salbei, Wacholder

Fasan
Lorbeer, Melisse, Rosmarin, Salbei, Thymian, Wacholder

Truthahn
Basilikum, Dill, Kümmel, Lorbeer, Majoran, Thymian

Fisch

Gekocht
Basilikum, Koriander, Rosmarin, Salbei

Geschmort
Basilikum, Lorbeer, Thymian

Gebraten
Fenchel, Kerbel, Lorbeer

Aal
Knoblauch, Lorbeer, Petersilie, Thymian, Wacholder

Forelle
Kerbel, Liebstöckel, Majoran

Kabeljau
Dill, Fenchel, Knoblauch, Melisse, Muskat

Fischsalat
Basilikum, Cayennepfeffer, Kerbel, Melisse, Petersilie

Suppen

Bohnensuppe
Bohnenkraut, Kerbel, Liebstöckel, Lorbeer, Thymian, Wacholder

Erbsensuppe
Basilikum, Bohnenkraut, Estragon, Fenchel, Thymian

Gemüsesuppe
Bohnenkraut, Knoblauch, Liebstöckel, Lorbeer, Petersilie, Rosmarin, Safran, Salbei, Thymian, Wacholder

Karottensuppe
Estragon, Kerbel, Lorbeer, Thymian

Tomatensuppe
Basilikum, Gewürznelke, Piment, Safran, Thymian

Hühnersuppe
Fenchel, Ingwer, Liebstöckel, Majoran, Rosmarin, Salbei

Fischsuppe
Liebstöckel, Lorbeer, Koriandergrün, Safran, Wacholder

Saucen

Barbecuesauce
Basilikum, Cayennepfeffer, Ingwer, Knoblauch, Kren

Currysauce
Cayennepfeffer, Kreuzkümmel, Kurkuma, Majoran

Eiersauce
Kerbel, Koriandergrün, Petersilie, Senf

Mayonnaise
Dill, Estragon, Fenchel, Kerbel, Petersilie

Pfeffersauce
Kerbel, Lorbeer, Majoran, Petersilie, Thymian

Salatsauce
Basilikum, Dill, Kerbel, Knoblauch, Koriandergrün, Kren, Melisse, Minze, Salbei, Senf

Senfsauce
Basilikum, Galgant, Kren, Kurkuma, Melisse

Tomatensauce
Basilikum, Cayennepfeffer, Estragon, Knoblauch, Liebstöckel, Majoran, Thymian

Meeresfrüchte

Muscheln
Basilikum, Cayennepfeffer, Ingwer, Koriandergrün, Majoran, Rosmarin, Thymian

Austern
Borretsch, Dill, Estragon, Kerbel, Petersilie

Krabben
Basilikum, Cayennepfeffer, Knoblauch, Lorbeer, Piment, Thymian, Wacholder

Garnelen
Cayennepfeffer, Dill, Ingwer, Kerbel, Kren, Petersilie

Gemüse

Artischocken
Estragon, Galgant, Kerbel, Pfeffer, Thymian

Auberginen
Basilikum, Kerbel, Knoblauch, Majoran, Salbei

Blumenkohl
Estragon, Kümmel, Lorbeer, Majoran, Muskat, Rosmarin

Bohnen
Bohnenkraut, Dill, Galgant, Majoran, Thymian, Wacholder

Chicorée
Kerbel, Majoran, Petersilie, Thymian

Erbsen
Basilikum, Koriandergrün, Majoran, Minze, Petersilie, Salbei

Fenchel
Dill, Majoran, Salbei, Thymian

Gurken
Borretsch, Cayennepfeffer, Dill, Estragon, Kerbel, Muskat, Rosmarin

Karotten
Basilikum, Estragon, Kerbel, Majoran, Minze, Petersilie

Kohl
Basilikum, Galgant, Kreuzkümmel, Kümmel, Lorbeer, Muskat, Thymian, Wacholder

Lauch
Galgant, Majoran, Melisse, Thymian

Mais
Basilikum, Pfeffer, Thymian, Zimt

Rosenkohl
Estragon, Cayennepfeffer, Fenchel, Thymian

Rotkraut
Gewürznelke, Kümmel, Minze, Wacholder, Zimt

Schnittbohnen
Bohnenkraut, Kerbel, Melisse, Muskat, Petersilie, Salbei

Schwarzwurzel
Majoran, Muskat, Thymian

Sellerie
Fenchel, Majoran, Salbei, Thymian

Spargel
Dill, Kerbel, Muskat, Thymian

Tomaten
Basilikum, Bohnenkraut, Minze, Petersilie, Salbei, Thymian

Kräuteranbau im Garten und am Balkon

Ein Garten oder Balkon ohne Kräuter wäre eine Verschwendung. Sie sind nicht nur der Gesundheit zuträglich, sondern erfreuen auch das Auge mit zarten farbenprächtigen oder dezenten Blüten, mit ihrem Wuchs und den grazilen, grünen Blättern. Borretsch, Salbei, Rosmarin und Thymian tragen zum Blütenmeer bei. Melisse, Estragon und Basilikum verschönern durch ihren anmutigen Wuchs. Geht man in Italien durch die Straßen eines Ortes so sieht man in vielen Fenstern kleine Rosmarinstöcke, die in diesem Klima wunderbar gedeihen. Vor den meisten griechischen Lokalen und Wohnhäusern steht der feinblättrige Basilikum und wartet förmlich darauf, dass man seine Hände durch das Blattwerk streichen lässt und den zurückbleibenden Duft genießt.

Kein Garten, Balkon oder Fensterbrett ist zu klein, um wenigsten die einem liebsten Kräuter zu ziehen. Da jeder Mensch seine persönlichen Vorlieben hat, gibt es keine Regel, welche Pflanzen unbedingt gehalten werden sollen. Lediglich auf die Standortbedingungen (Licht, Boden etc.) muss man Rücksicht nehmen, denn sonst kann es manche kleinen Enttäuschungen geben.

„Von nichts kommt nichts"

Diese Volksweisheit kann man auch auf den Anbau von Kräutern umlegen.

Damit es im eigenen Garten oder Balkon nicht dazu kommt, dass sich Pflanzen unwohl fühlen, schlecht gedeihen oder eingehen, braucht man nur einige Grundregeln zu beherzigen.

Dränage

Im Balkonkästchen oder an einer nassen Stelle im Garten macht man am besten eine Dränage, da die wenigsten Pflanzen Staunässe vertragen.

In den Blumenkasten wird zu unterst einfach eine Schicht Tonscherben gelegt, so wachsen einerseits keine Pflanzenwurzeln die Abflusslöcher zu und andererseits ertrinken die Pflanzen nicht bei heftigem Regenwetter oder zufälligem Übergießen. Auf die Tonscherbenschicht die gewünschte Erde füllen - und schon ist man fertig.

Im Garten ist es etwas aufwendiger zu dränieren. Hier muss der Boden 0,5 - 1 m tief aufgegraben werden und ein oder mehrere Dränagerohre verlegt werden. Mit einer 20 - 50 cm dicken Kiesschicht bedeckt man den mit Gefälle verrohrten Boden der Grube, bevor man sie mit der Erde wieder zuschüttet. Die Tiefe des Ausgrabens ist abhängig von den Pflanzen, die man dort setzten will.

Natürlich geht es auch einfacher, indem man die Beete höher als das Erdniveau anlegt. Kleine Ziegelmäuerchen oder Steinumgrenzungen machen das möglich. Aber auch die sogenannte Kräuterspirale erfüllt diesen Zweck. So bekommen die zukünftigen Bewohner des Beetes „trokkene Füße“.

Boden

Nicht jede Pflanze wächst in jedem Boden gleich gut. Zwar sind Kräuter recht „tolerant“ was das Erdreich angeht, doch werden sie es Ihnen danken, wenn sie auf „gutem“ Boden wachsen können.

Kalkboden

Er ist meist locker, gut Wasser durchlässig und eher nährstoffarm. Durch Kompostzugabe lässt sich dieses Manko beheben. Will man Pflanzen ziehen, die leicht sauren Boden benötigen, so genügt es ein Hochbeet mit torfhältiger Erde anzulegen.

Kräuter, die im Kalkboden bestens gedeihen:

Bohnenkraut, Majoran, Pimpinelle, Rosmarin, Wacholder und Ysop.

Lehmboden

Das ausgeglichene Verhältnis von Ton, Sand und Schwemmpartikeln zeichnet den nährstoffreichen Boden aus. Da Lehmboden im Frühjahr und Winter schwer ist, sollte man ihn vorsorglich mit einer Gabel auflokkern. Die Gabel wird dazu in regelmäßigen Abständen tief in den Boden eingestochen.

Kräuter, die im Lehmboden bestens gedeihen:

Basilikum, Dill, Fenchel, Kerbel, Knoblauch, Koriander, Kümmel, Liebstöckel, Lorbeer, Petersilie, Rosmarin, Salbei und Thymian.

Tonboden

Der aus winzigen Teilchen bestehende Boden bäckt sich bei Hitze zusammen und ist bei Regen schwer und klebrig. Wird die oberste Schicht der Erde mit Kompost aufgelockert, so wird er durchlässiger und leichter zu bearbeiten. Auch andere Kräuter als die ausdrücklich auf Tonboden wachsenden lassen sich dann leicht ziehen.

Kräuter, die im Tonboden bestens gedeihen:

Melisse, Minze, Salbei und Thymian.

Sandboden

Er ist durch seinen hohen Sandanteil stark Wasser und damit auch Nährstoff durchlässig. Vielen Pflanzen ist er zu karg und meist etwas zu sauer, aber die mediterranen Kräuter sprießen hier prächtig. Wird der Boden mit Kompost aufgewertet und mit Pflanzenjauche gedüngt, so wachsen auch weitere Kräuter üppig.

Kräuter, die im Sandboden bestens gedeihen:

Anis, Borretsch, Estragon, Fenchel, Koriander, Mutterkümmel, Oregano, Thymian und Bohnenkraut.

Feuchter, humoser Lehmboden

Wenig Wasser durchlässig, aber dafür nährstoffreich, feucht und fruchtbar ist dieser Boden. Wird er mit einer Gabel durchgearbeitet oder tiefwurzelige Pflanzen gesetzt, dann verbessert sich seine Wasserdurchlässigkeit.

Kräuter, die im feuchten, humosen Lehmboden bestens gedeihen:
Melisse, Minze und Petersilie

Wie der aufmerksame Leser sicher schon entdeckt hat, wurden hier nur die in diesem Buch vorkommenden Pflanzen den Bodentypen zugeordnet. Natürlich gibt es noch weit mehr grüne Gesellen, die Vorliebe für einen der besprochenen Böden haben.

Balkongefässe und Kulturtipps

Blickt man unseren südlichen Nachbarn auf die Finger, so sieht man, daß in so gut wie jedem Gefäß Kräuter gedeihen, seien es alte Speiseölkanister, Dosen oder Kübel. Also geht es bei der Wahl der Unterbringungsmöglichkeit von Pflanzen lediglich um das richtige Platzangebot und die optische Erscheinung.

Die zwei beliebtesten Materialien für Gefäße, nämlich Ton und Plastik, werden an dieser Stelle besprochen.

Ton

Einen großen Reiz auf das Auge üben die in vielen Variationen erhältlichen Tontöpfe aus, doch leider üben sie auch ab einer gewissen Größe einen unangenehmen Reiz auf den eigenen Rücken aus, wenn man sie umstellen oder ins Winterquartier bringen will. Natürlich kann man sich zu diesem Zweck eine Rodel besorgen, aber über die Treppe, sei es hinauf oder hinunter, ist wieder der eigene Rücken dran.

Trotzdem sollte man sich die Anschaffung einer Kräuteramphore (Abb. 1), die es auch in kleinen Größen gibt, überlegen. In einem einzigen Behälter kann man mehrere Kräuter getrennt ziehen. Außerdem bringt die Amphore einen südlichen Flair auf das kleine Balkonreich, wenn man sich an lauen Sommerabenden bei einem Gläschen Wein entspannt.

Das weiße Ausblühen des Kalks auf den Tontöpfen, das von vielen als unschöne Nebenerscheinung des Blumenwässerns wahrgenommen wird, lässt sich einfach entfernen. Alle zwei bis drei Jahre den betroffenen Topf in einen Kübel (oder Tonne) mit frischem Wasser stellen. Das Wasser nach einem Tag wechseln und den Vorgang so lange wiederholen, bis sich auch der letzte Kalk von der Oberfläche des Tontopfs im Wasser gelöst hat.

Vor dem Setzen der Pflanzen lässt man den Tontopf sich mit Wasser vollsaugen, ansonsten würde der noch trockene Ton zuviel Wasser aus der Erde ziehen und der Setzling könnte unter der Trockenheit leiden. Dazu stellt man den Topf über Nacht in einem Kübel mit Wasser.

Dass der Ton von der Erde Wasser aufnimmt und es über die Außenfläche verdunsten lässt, führt einerseits zu der oben erwähnten Kalkblüte und andererseits dazu, daß man die Pflanzen immer gut gießen soll, da die Erde relativ leicht austrocknet.

Plastik

Wenn man seinen Rücken schonen will (Gießkannen tragen, Töpfe heben), so kauft man Töpfe ab einer gewissen Größe (30 - 50 cm) in Plastik oder nimmt einen alten Blecheimer in dessen Boden man ein Loch gebohrt hat. Plastikblumengeschirr gibt es jetzt auch schon als ansprechendes Tonimitat. Sie sehen zwar aus wie Tontöpfe, sind aber spielend leicht zu heben.

Stellt man auf Plastiktöpfe um, so muss man beachten, daß man im Vergleich zu unlasierten Tontöpfen weniger gießen muss.

Kulturtipps für die Balkonkräuter

- Als Kräuterzuchterde bringt eine Mischung aus Garten- und Blumenerde das beste Ergebnis. Eine andere erprobte Mischung besteht aus ⅓ reifem Kompost, ⅓ Sand und ⅓ Torf. Pro Blumenkasten mischt man eine Handvoll Hornspäne unter. Die Hornspäne geben nur langsam ihre Nährstoffe ab und das reicht für den ganzen Sommer. Stark torfhältige Erdmischungen trocknen zu stark aus und sollten daher nicht verwendet werden.
- Immer erst gießen, wenn sich die Erde oben im Gefäß ziemlich trocken anfühlt. Bei kleinen Töpfen das Wasser in die Untertasse geben, die Pflanze holt sich schnell was sie braucht.
- Alle paar Monate sollte man den Kräutern in Behältern eine

kleine Portion organischen Dünger wie Pflanzenjauche, Gesteinsmehl etc. gönnen - außer man hat schon von vornherein Hornspäne der Erde beigefügt.

♣ Einige stark wuchernden Pflanzen wie: Minze, Fenchel, russischer Estragon, Liebstöckel, Melisse, Rosmarin, Salbei und Lorbeer, brauchen ihren eigenen Topf.

♣ Über den Winter die Gefäße der ausdauernden Pflanzen in eine geschützte Ecke am Balkon oder auf die Terrasse stellen und mit Tannenreiser bedecken. Auch wenn die Kräuter im Freiland absolut winterhart sind, kann es passieren, daß sie ohne einen gewissen Schutz erfrieren. Dies geschieht, da die eisige Kälte in einen alleinstehenden Topf von allen Seiten eindringen kann und die Wurzeln so durch lang anhaltende Frosteinwirkung absterben.

Beetformen

Legt man seine Beete frisch an, so kann man sehr gut auf die Lebensbedingungen einzelner Kräuter eingehen: Schatten liebende Gewächse werden hinter starkwüchsigen Sonnenanbetern gepflanzt. Ritzen und Lücken in der das Beet einfassenden Mauer können mit Alpenpflanzen und Kriechgewächsen gefüllt werden (Kissennelken, Quendel u.ä.).

Steingarten (Abb. 2)

Hier fühlen sich besonders Pflanzen aus dem mediterranen Raum wohl, wie Rosmarin, Borretsch, Salbei und Majoran, aber auch Gebirgspflanzen wie Quendel (wilder Thymian) und Kräuter wie Petersilie.

Der Steingarten wird an einem sonnigen Platz bei schweren Böden direkt auf dem Erdreich (bei leichten Böden kann das auch auf Erdniveau geschehen) angelegt.

Um den Steingarten auf Erdniveau zu erhalten wird eine 30 cm tiefe Grube ausgehoben. In diese füllt man zuerst eine 15 cm dicke Schotterschicht, darauf eine 8 cm starke Kiesschicht und anschließend eine 8 cm dicke Erdschicht. Die verwendete Erde soll aus 3 Teilen Humusboden, 2 Teilen Torf und 1 ½ Teilen Split bestehen.

Jetzt braucht man nur noch die Kräuter zu setzten und zwischen ihnen dekorativ einige Steine zu verteilen. Diese machen sich nicht nur sehr schön, sondern laden sich untertags bei Sonnenschein mit Wärme auf und geben diese in der kühleren Nacht an ihre Umgebung ab. Somit wärmen die Steine die nebenstehenden Pflanzen. Diese danken das ausgeglichene Klima durch prächtiges Wachstum.

Wird das Beet erhöht angelegt, so baut man eine ca. 30 cm hohe Mauer. Woraus man dieses Bauwerk macht, bleibt einem selbst überlassen, z.B. aus alten Ziegeln, großem Flussschotter, Steinen der Umgebung, Fliesenresten, Abfallsteinen von Steinmetzbetrieben, Holzbalken und Betoneinfassungen, all dies und noch mehr eignet sich dazu. Der Phantasie sind hier keine Grenzen gesetzt. Das Mäuerchen wie oben beschrieben mit Schotter, Kies und Erde auffüllen. Schon ist der leicht erhöhte Steingarten fertig.

Abb. 1

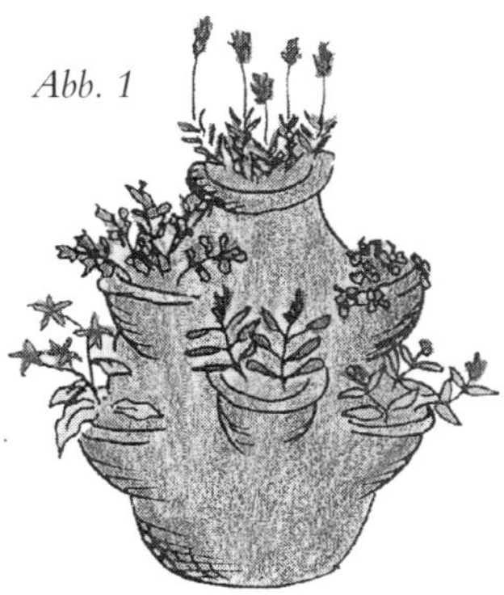

Abb. 2

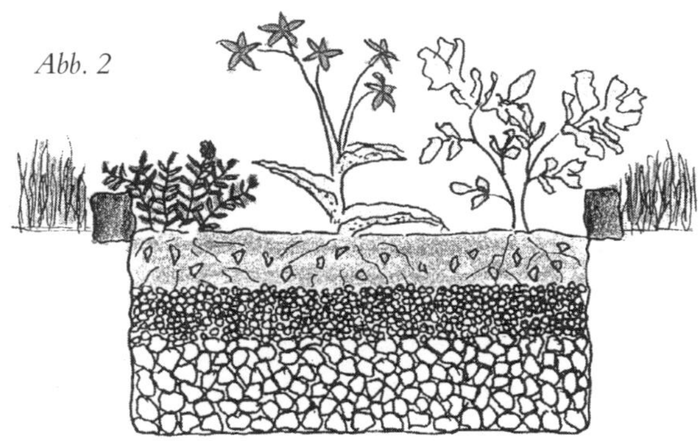

Kräuterspirale (Abb. 3)

In dieser Form eines Kräuterbeets sind unterschiedliche Böden auf das Schönste vereint. Ebenerdig in der gut aufbereiteten Gartenerde finden Petersilie, Kerbel und Minze ihr Zuhause, weiter oben im Anstieg der Spirale – in der weniger nährstoffreichen Erde - gedeihen Borretsch, Basilikum, Majoran, Pimpinelle, Estragon, Melisse und Koriander und in der „Gipfelregion" Salbei und Thymian.

Die ohne Mörtelfüllung geschlichtete Mauer aus kleinen Steinen windet sich immer höher werdend spiralförmig um den Mittelpunkt des Anlageplatzes. Die Mauern sind leicht nach innen geneigt. Erst dort wo die Spiralenmauer 40 cm hoch ist, beginnt man die Füllung mit einer ca. 10 cm dicken Schotterschicht und lässt sie mit der zunehmenden Höhe der Trockenmauer mitwachsen. Der Abstand zwischen der Schotterschicht und der oberen Mauerkante beträgt immer 30 cm, d.h. die Schotterschicht „wächst" mit der Mauer mit.

In den flachen und danach ansteigenden Bereich der Mauer gibt man Gartenerde, die mit viel reifem Kompost und ein wenig Sand vermengt ist. Im Bereich der Schotterschicht verwendet man folgende Mischung, um die Spirale zu füllen: 1 Teil Gartenerde, 1 Teil reifer Kompost, 1 Teil Sand. Gelangt man zur Spitze der Kräuterspirale so verändert man die Mischverhältnisse in: 2 Teile Gartenerde, 1 Teil reifer Kompost, 2 Teile Sand und 1 Teil Kies.

Das fertige Kunstwerk muss nun nur noch bepflanzt werden und Kräuter mit unterschiedlichsten Bedürfnissen (feucht - trocken; nährstoffreich - karg) können nebeneinander wuchern und gedeihen. Natürlich entfalten auch hier die Steine ihre wärmende Wirkung.

Abb. 3

Abb. 4

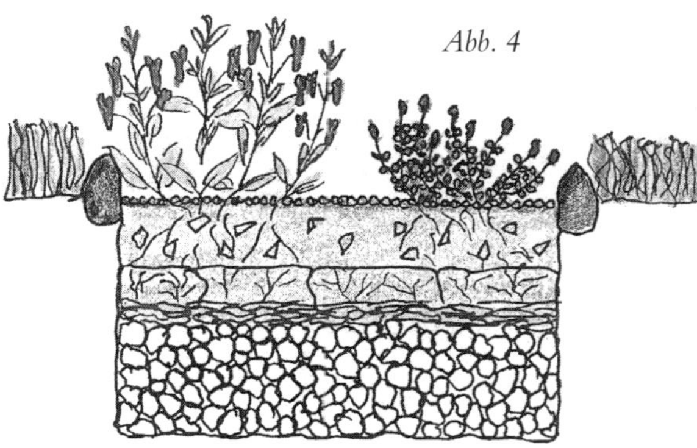

Kiesbeet (Abb. 4)

In solchen Beeten gedeihen Fenchel, Thymian, Bohnenkraut, Salbei, Rosmarin, Majoran, Borretsch, Estragon, Minze und Ysop bestens. Teilweise säen sich die Kräuter (z.B. Borretsch, einjähriges Bohnenkraut und Fenchel) selber jedes Jahr aus und erleichtern damit dem Gärtner die Arbeit.

Der Boden wird 30 cm tief ausgehoben, die Grassonden von der ausgehobenen Erde getrennt, beiseite gelegt und die Grube mit einer 15 cm dicken Schotterschicht aufgefüllt. Nun die umgedrehten Grassonden (Gras schaut zur Erde) auf die Schotterschicht legen. Das mit der Zeit verrottende Gras setzt Nährstoffe frei und wirkt als Dünger. Eine 5 - 7 cm dicke Erdschicht, die aus der Steingartenerdmischung besteht, darauf geben und den Graben mit Kies oder Split auffüllen. Der Effekt wärmender Steine wurde schon beim Steingarten besprochen. Nun noch die gewünschten Kräuter setzen und das Beet erstrahlt in frischem Glanz.

Schachbrettbeet (Abb. 5)

Diese Art von Beet ist sehr einfach zu bewirtschaften. Je nach vorhandenem Boden und den erwünschten Kräutern wird die Bodenstruktur verbessert oder belassen. Die Erde muss auf jeden Fall von allem anderen Pflanzenwuchs gereinigt werden. Auch die Wurzeln der gejäteten Gewächse ausreißen, damit es nicht später zu unliebsamen Überraschungen kommt.

So bereitet man ein quadratisches Stück Boden vor. Die Seitenlänge beträgt ein vielfaches der gewählten quadratischen Trittsteinplatten (Sandstein, Schiefer etc.).

Jetzt mit den Platten auf die Erde ein Schachbrettmuster legen und in die ausgesparten Erdquadrate die gewünschten Kräuter pflanzen. Auch hier kommt die wärmende Wirkung der Steine zum Tragen (s. Steingarten).

Dieses „Schachbrett“ wirkt noch ansprechender, wenn es mit einer Buchsbaumhecke umrandet wird. Damit die Kosten dadurch nicht zu hoch werden, einfach einen größeren Buchsbaum kaufen und ihn im Frühjahr an einem Jungfrauentag (das genaue Datum ist einem Mondkalender zu entnehmen) zu Stecklingen verarbeiten. Dafür braucht man nur kleine Zweige des Buchsbaums in den vorbereiteten und aufgelokkerten Boden zu stecken und feucht zu halten. Die Stecklinge wurzeln bald an und ergeben in wenigen Jahren eine immergrüne, pflegeleichte, formschöne Buchsbaumhecke.

Abb. 5

Vermehrung

Aussaat

Zieht man Kräuter aus Samen, braucht man lediglich die auf den Packungen angegebenen Zeiten und Säarten (Licht- oder Dunkelkeimer) einzuhalten und schon wachsen die Pflanzen.

Die Jungpflanzen bekommen, wenn sie 5 bis 6 Blätter haben und kräftig genug dafür sind, ihren eigenen kleinen Topf. In diesem belässt man die Pflänzchen bis ihre Wurzeln aus dem Abzugsloch herauswachsen. Währenddessen härtet man sie am Fensterbrett ab und holt sie nur bei Frost in die warme Sicherheit der Wohnung. Sind die Kräuter stark und von ansehnlicher Größe erfolgt das Aussetzen in das Freiland.

Eine Vielzahl von Gewürzpflanzen kann direkt in Beete oder Töpfe angesät und braucht nicht mehr verpflanzt zu werden.

Stecklinge

Die jungen schon kräftigen, aber noch weichen Triebe des Krauts werden abgeschnitten und in einem Topf mit durchlässiger, nährstoffreicher Erde gesetzt. Die Triebe sollen 5 - 10 cm lang sein. Vor dem Einsetzten werden die unteren Blätter entfernt und der Steckling wird 2 - 4 cm tief in die Erde gepflanzt. Statt Erde kann man auch ein Gemisch von Sand und Torf verwenden.

Nun werden die Stecklinge mit einem Marmeladenglas oder einer Plastikfolie - diese darf nicht die Pflanze berühren - abgedeckt und in der ersten Woche in tiefsten Schatten gestellt. Später dürfen sie zwar hell, aber nicht in der prallen Sonne stehen. Sobald die Pflänzchen wurzeln regelmäßig Blattdünger geben.

Wenn sie kräftig genug sind, kann man sie ins Freiland umpflanzen.

Thymian, Salbei, Ysop, Majoran, Rosmarin und Bohnenkraut eignen sich dafür hervorragend.

Ausläufer

Minze und Melisse bilden bewurzelte Ausläufer. Diese einfach abschneiden, kurze Zeit in einem Glas Wasser die Wurzeln weiter wachsen lassen und danach an dem gewünschten Ort einsetzen.

Teilen von Wurzelballen

Kren und Minze, sowie weitere Pflanzen mit dicken, fleischigen Wurzeln, lassen sich so vermehren. Mit der Hand oder mit einem scharfen Messer wird der Wurzelballen vorsichtig geteilt. Danach werden die so gewonnenen Pflanzen wieder in die Erde eingesetzt.

Mischkultur

Da das Anlegen einer Mischkultur auch für Kräuter eine vorteilhafte Anpflanzmethode ist, folgen hier einige sehr gute „nachbarschaftliche“ Verhältnisse. Diese sind für alle Beteiligten nur förderlich. Aber auch vor „schlechten“ Nachbarn wird an dieser Stelle gewarnt, weil es bei den Pflanzen nicht anders ist als bei Menschen: nicht alle vertragen sich miteinander.

Hält man sich an diese Regeln oder vermeidet zumindest das Nebeneinander unverträglicher Pflanzen, so wird man mit kräftigen Wuchs und gutem Gedeihen der Kräuter belohnt.

⊕ gute Nachbarn
oder gute Eigenschaften des Krauts

⊖ schlechte Nachbarn
oder Achtung das Kraut hat bestimmte Eigenschaften

Basilikum

⊕ Tomaten, Gurken.

⊕ Vertreibt Blattläuse und Milben.

Bohnenkraut

⊕ Buschbohnen (hält von den Bohnen die schwarzen Blattläuse fern).

Borretsch

⊕ Kohlrabi und Kohl (hält Schädlinge von ihnen ab), Zucchini, Erdbeeren.

Dill

⊕ Wehrt Kohlweißlinge ab.

⊕ Zieht die Schwebfliege an.

⊕ Beeinflusst das Aufgehen verschiedener Gemüsesaaten günstig, wie: Karotten, Gurken, Kohl, Rote Rüben, Salat, Zwiebeln, Erbsen, Kopfsalat.

⊕ Von Puffbohnen hält er die Läuse fern.

⊖ Fenchel.

Estragon

⊕ Liebstöckel, Endivien.

Fenchel

⊕ Erbsen, Endivien Feldsalat, Gurken, Kopfsalat, Salbei, Zichoriensalat.

⊕ Zieht die Schwebfliege, Tachinafliege und Schlupfwespen an.

⊖ Dill, Bohnen, Kohlrabi, Koriander, Kümmel und Tomaten.

Kerbel

⊕ Salat und Lattich: schützt sie vor Läusen, Ameisen und Schnecken.

⊕ Apfelminze, Zitronemelisse, Rettich.

Knoblauch

⊕ Rosen, Erdbeeren, Gurken, Himbeeren, Lilien, Karotten, Obstbäume, Petersilie, Rote Rübe, Tomaten, Tulpen.

⊕ Hält Mäuse, Raupen und Schnecken fern.

⊖ Buschbohnen, Kohlarten.

Koriander

⊕ Anis, Gurken, Kohlarten, Karotten, Rote Rüben.

⊕ Sehr gute Bienenweide.

⊕ Hält Blattläuse und Karottenfliege fern.

⊖ Verringert die Samenausbeute bei Fenchel.

Kümmel

⊕ Geschmacksfördernd wirkt er bei: frühen Erdäpfeln, Kohl, Gurken, Rote Rüben.
⊕ Die Blüten ziehen schädlingsbekämpfende Schlupfwespen an.
⊕ Lockert schwere Böden auf.
⊖ Nie neben Fenchel ziehen! Die beiden können sich nicht „riechen".
⊖ Koriander.

Kren

⊕ Erdäpfel, Obstbäume.
⊕ Schützt die Erdäpfel vor dem Kartoffelkäfer.

Liebstöckel

⊕ Sehr gute Bienenweide.
⊖ Hemmt Schädlinge und die meisten anderen Pflanzen, daher ist eine Einzelpflanzung angebracht.

Majoran

⊕ Zwiebeln.

Melisse

⊖ Zitronenmelisse verträgt sich nicht mit der Goldmelisse *(Monarda)*.

Minze

⊕ Kohl (hält den Kohlweißling ab), Tomaten, Salat, Karotten, Brennnessel (die Minze entwickelt dann mehr ätherisches Öl).
⊕ Hält Erdflöhe fern.
⊖ Kamille.

Petersilie

⊕ Tomaten, Zwiebeln, Radieschen, Spargel, Rettich, Tagetes (hält von der Petersilie die Wurzelählchen fern).
⊖ Kopfsalat.
⊖ Jedes Jahr an einer anderen Stelle aussäen, da sie sich mit sich selbst nicht verträgt.

Rosmarin

⊕ Salbei, Karotten (Wehrt Karottenfliege ab).

Salbei

⊕ Rosmarin, Fenchel, Kohl, Karotten, Bohnen.

⊕ Wehrt Raupen, Schnecken und Läuse ab.

⊖ Sellerie.

Senf

⊖ Kohlarten.

Thymian

⊕ Schützt Pflanzen vor Läusen und Kohlweißlingsraupen.

Ysop

⊕ Weinreben (erhöht ihren Ertrag).

⊕ Raupen, Läuse und Schnecken werden von ihm abgewehrt.

Düngemittel

Kräuter, die im Freiland wachsen, sind meist sehr genügsam und brauchen nicht oft gedüngt zu werden, höchstens einmal im Frühjahr. Sie sind zwar an Gartenhaltung gewöhnt, aber noch nicht so domestiziert wie hochgezüchtete Blüten- und Kulturpflanzen, die von Düngergaben abhängig, wenn nicht schon danach süchtig sind.

Wildblumen und Kräuter gedeihen um so besser, je mehr man mit den Dünger spart. Nicht umsonst heißt es: „Je magerer die Wiese, desto reicher die Blüte“. Auf einer kräftig gedüngten Wiese sieht man wenige bis fast gar keine Blumen. Auf einer Almweide oder Brachland wachsen mannigfaltige und farbenprächtige Blühpflanzen, so daß einem selbst die Betrachtung einer verödeten Baustelle Freude bereiten kann. Den durch Überdüngung und Unkrautvernichtungsmittel von ihren angestammten Plätzen verjagten Pflanzen bietet sich in Form von Bahndämmen, aufgelassenen Fabriken und den Autobahnbegrenzungen ein Rückzugsgebiet an.

Damit sich die Kräuter im eigenen Bereich wohl fühlen und gedeihen, muss man nur etwas Rücksicht auf ihren Bedarf nehmen.

Will man gesunde Pflanzen haben, so muss man auch darauf achten, daß der Boden in dem sie wachsen, gesund ist. Daher ist es fast eine Pflicht nur natürliche Dünger zu verwenden und auf chemische

Schädlingsvernichtungsmittel zu verzichten. Insbesondere dann, wenn die Kräuter zum Verzehr gedacht sind.

Von Kunstdünger ist insofern abzuraten, da er einerseits die Bodenlebewesen beeinträchtigt und andererseits so schnell in Lösung geht, daß bald darauf in den oberen Erdschichten wieder ein Mangel an Nährstoffen herrscht, dafür aber das Grundwasser mit Nitrat verseucht wird. Ohne Regenwurm, Kleinstlebewesen, Bakterien, Pilzen und Algen ähnelt das Erdreich einer entvölkerten Wüste. Außerdem sind all diese im Verborgenen wirkenden Organismen für ein gedeihliches Bodenklima verantwortlich. Zum Beispiel arbeiten Knöllchenbakterien immer mit Bohnen zusammen und versorgen so die Leguminosen mit Stickstoff. Auch Orchideen und viele andere Pflanzen haben solche ungleiche Lebenspartner.

Daher ist es angebracht, nur mit Maß und Ziel zu düngen und wie im Pflanzenschutz auf chemische Keulen zu verzichten.

Pflanzenjauche

Brennnesseljauche

Man braucht einen Eimer (kein Metall!) mit abgestandenem Wasser. In diesen schneidet man ein Büschel Brennnesseln hinein, rührt jeden Tag um und lässt das Gemisch 1 ½ - 3 Wochen mit einem Gitter zugedeckt ziehen. Der dabei entstehende Geruch kann durch das Streuen von Gesteinsmehl auf die Wasseroberfläche unterbunden werden. Die Jauche ist fertig, wenn sie nicht mehr schäumt.

Für kleinere Mengen Jauche kann man auch getrocknete Brennnessel verwenden.

Auf 10 Teile Wasser kommt beim Gießen 1 Teil Brennnesseljauche. Diese nährstoffhaltige Brühe wird an trüben Tagen, wenn möglich bei Vollmond, über die Wurzeln der Pflanzen gegossen.

Nur Bohnen, Zwiebeln, Erbsen und Knoblauch vertragen diese Düngung nicht.

Aus **Beinwell**, **Löwenzahn**, **Scharfgarbe** und **Schachtelhalm** kann ebenfalls eine Düngejauche hergestellt werden, die man mit Gesteinsmehl aufwerten kann.

Mist

Frischer Mist darf nie direkt auf die Pflanzen ausgebracht werden, da er sie sonst verbrennt, denn die Harnsäure wirkt ätzend.

Man kann den frischen Mist im Herbst ins die Erdreich einarbeiten, damit er über den Winter zersetzt und „entschärft" wird.

Kuh-, Hühner- oder Taubenmist kann auch in Wasser eingeweicht werden. Man lässt die Brühe einige Tage ziehen und düngt dann mit der entstandenen Flüssigkeit. Diesen Dünger auf die Wurzeln und ins Erdreich gießen, aber nicht die Blätter der Pflanze damit benetzen.

Gründüngung

Es werden als Zwischenkultur Pflanzen ausgebracht, die die Struktur und den Nährstoffgehalt des Bodens verbessern. Oft werden diese Gewächse (Hülsenfrüchte, Senf) im Herbst ausgesät und im Frühjahr wieder vor der Aussaat der eigentlichen Beetpflanzen entfernt. Zur genauen Durchführung lesen Sie bitte im Steckbrief des Senfs nach.

Gesteinsmehl

Der sehr feine Gesteinsstaub muss erst durch Bodenorganismen und physikalische Einflüsse für die Pflanzen aufbereitet werden und stellt deshalb einen Langzeitdünger dar. Auf Grund der langsamen Verwertung kann man mit Gesteinsmehl nicht überdüngen.

Insgesamt verbessert es regelmäßig in den Boden eingearbeitet, die Fähigkeit des Bodens Wasser und Nährstoffe festzuhalten. Die Bodenkrümel werden stabiler, die Mikroorganismen nehmen zu und die Huminstoffe werden mehr.

Das Gesteinsmehl ist Anfängern im Garteln sehr zu empfehlen, da man mit ihm den Boden und den Pflanzen nur Gutes tun kann.

Thomasmehl

Es ist ein Nebenprodukt der Verhüttung phosphorhältiger Erze. Das Thomasmehl beinhaltet Phosphor, Mangan, Kalk und Spurenelemente. Über den Winter wird es ausgestreut und eignet sich wegen des Kalkgehalts vortrefflich für saure Böden.

Horn-, Blut- und Knochenmehl

Diese tierischen Düngemittel werden aus Schlachthausabfällen gewonnen. Je gröber das Mehl ist, desto langsamer werden die Nährstoffe im Boden freigesetzt und desto länger hält die Düngewirkung an.

Horndünger (Hornspäne) enthält vor allem Stickstoff und Phosphor. Blutmehl hat einen hohen Stickstoffgehalt und beinhaltet noch etwas Phosphor und Kali. Das Knochenmehl hingegen hat den höchsten Phosphorgehalt, einen mittleren Stickstoffgehalt und ein wenig Kali.

Alle drei Mehle kombiniert ergeben einen guten Volldünger, in dem die drei wichtigsten Nährstoffe: Stickstoff, Phosphor und Kali (NPK) und wichtige Spurenelemente enthalten sind.

Schädlingsbekämpfung

Dass man, wenn man essbare Pflanzen anbaut, vollständig auf chemische Schädlingsbekämpfungsmittel verzichten soll, ist klar. Denn niemand wird sein gesundes Kräutersüppchen mit Fungiziden, Insektiziden oder Molluskiziden anreichern wollen. Glücklicherweise werden Kräuter, wenn sie in gutem gesunden Boden wachsen, relativ selten von Schädlingen befallen. Sollte es trotzdem einmal der Fall sein, so kann man auch ohne Chemie auskommen.

Taucht zum Beispiel der **Pfefferminzrost** auf, so stehen die Pflanzen zu eng. Es hilft dann die Pflanzen bis auf die Triebe radikal zurückzuschneiden und auszulichten. Die nachwachsenden Schösslinge sind danach gesund.

<u>Brennnesselauszug gegen Blattläuse</u>

Ein Brennnesselauszug kann auch zur Schädlingsbekämpfungsmittel bei Blattläusen verwendet werden. Verfahren wird dabei wie bei der Herstellung von Brennnesseljauche. Der Unterschied ist, daß man die Brennnesseln nur einen Tag lang im Wasser ziehen lässt und kein Gesteinsmehl beifügt. Mit dem Auszug sprüht man alle von Blattläusen befallenen Pflanzen ein. Innerhalb von wenigen Tagen muss dieses schnell zubereitete Mittel verbraucht werden, denn steht es länger so kann man es „nur noch“ zum Blumen düngen verwenden.

Kräuterüberwinterung

Die nicht winterharten mehrjährigen Kräuter muss man an einem kühlen, aber hellen Ort überwintern. Wintergärten, Schuppen oder das ungeheizte Schlafzimmer eignen sich dazu. Während des Winters brauchen sie kaum Wasser und überhaupt keinen Dünger, da sie sich in einer Ruhephase befinden. Lorbeer und Rosmarin verpasst man einen Formschnitt (schneidet sie kugelig) bevor man sie in ihr Winterquartier bringt, so wachsen sie noch ein wenig weiter und man kann auch im Winter frische Zweiglein ernten.

Mehrjährige an Winter gewöhnte Kräuter werden einfach im Herbst zurückgeschnitten und in rauheren Lagen mit Reisig, Laub, Stroh oder Tannenzweigen abgedeckt. Thymian muss nicht zurückgestutzt werden.

Nun braucht man nur noch auf das Frühlingserwachen zu warten, um dann frühestens im März die Winterabdeckung zu entfernen. Je älter die Stöcke sind, um so kräftiger und schneller treiben sie im Frühjahr an und man wird bald seine Liebe Not haben all die duftenden Schätze in der (Hexen-)Küche zu verarbeiten. Aber auch allein die wohlriechende Luft über den Kräutern einzuatmen und ihr abwechslungsreiches Blätter- und Farbenspiel zu betrachten, ist ein Genuss.

Ernte und Haltbarmachung von Kräutern

Ernte

Ob sie ihre Kräuter im Garten oder am Balkon züchten, bleibt Ihnen überlassen. Natürlich fällt die Kräuterernte im Garten üppiger aus als am Balkon. Aber im Gegensatz zu Topf- und Balkongefäßpflanzen sind Kübelpflanzen auch sehr ertragreich. Meistens hält man sich die Balkonkräuter sowieso für den täglichen Verbrauch und nicht, um Mengen von Kräutern einzulagern.

Wann einzelne Pflanzen im großen Maßstab geerntet werden, ist unterschiedlich (s.h. jeweiliger Steckbrief), meistens jedoch im Frühjahr, Sommer oder vor der Blüte. Samen werden erst während der Reifezeit gepflückt und getrocknet, d.h. im Herbst. Wurzeln gräbt man entweder im Frühjahr oder im Herbst aus, wenn die Kraft und der Saft der Pflanze noch oder schon wieder im Wurzelwerk ist. Denn eine Pflanze im Hochsommer steckt all ihre Energie in Blattwachstum und Samenbildung und die Wurzel dient nur mehr der Nährstoff- und Wasseraufnahme.

Wurzeln sollten nachts, frühmorgens oder abends ausgegraben werden. Der späte Vormittag, wenn der Tau sich schon in Nichts aufgelöst hat, ist die beste Zeit, um Blätter, die noch nicht von der Sonne angewelkt wurden, zu ernten. Die Blüten hingegen sind meist nur bei hellem Sonnenschein voll entfaltet und zum Pflücken geeignet. Samen und Früchte können zu jeder Tageszeit gesammelt werden, da sie relativ unempfindlich gegenüber tageszeitlichen Einflüssen sind.

Bei Stauden kann man das Grün bis kurz über dem Boden wegschneiden, da sie ja aus den Wurzeln neu austreiben können (Stauden sind Pflanzen, deren oberirdische Pflanzenteile über den Winter absterben und die im Frühjahr wieder frisch aus den unterirdischen Trieben wachsen).

Kleine Sträucher, zu ihnen zählen Rosmarin, Bohnenkraut, Thymian, Ysop und viele mehr, dürfen nicht so radikal beschnitten werden, denn sie treiben aus den sogenannten „schlafenden Augen" wieder aus. Diese „Augen" liegen direkt über den Blattansatzstellen am Stiel. Schneidet man ein Büschchen auf Stumpf und Stiel zurück, so gibt es kaum noch Augen und daher (fast) keinen Neuaustrieb. Hier gilt das Motto: Ernte mit Maß und Ziel.

Haltbarmachung

Einen Vorrat anzulegen, der den jährlichen Verbrauch weit überschreitet, ist sinnlos. Denn im nächsten Lenz sprießen wieder all die begehrten Kräuter. Überdies haben wir es hier mit Naturprodukten zu tun, die mit der Zeit ihre heilkräftigen Stoffe zersetzen und ihre ätherischen Öle „verduften" lassen. Daher soll man ein Kraut nur so lange aufbewahren wie es unbedingt notwendig ist.

Wenn man im Sommer Tee aus getrockneten Kräutern trinkt, obwohl frische im Garten gedeihen, so tut man sich selbst nichts Gutes. Mességué geht sogar davon aus, daß man kein Kraut länger als drei Monate aufbewahren soll, da es dann zuviel von seiner Heilwirkung verloren hat.

Die getrockneten oder anders haltbar gemachten Pflanzen und Samen nie in Metallbehältern lagern! Das Metall reagiert nämlich mit verschiedenen Inhaltsstoffen der Pflanzen und verändert diese. Dieser Vorgang ist der Wirksamkeit der Heilkräuter äußerst abträglich.

Trocknen

> Kraut

Die in Sträuße gebundenen Kräuter werden an einem luftigen, schattigen Ort aufgehängt und dort, bis sie trocken sind, ihrem Schicksal überlassen. Man kann die Zweiglein auch auf saubere Leintücher oder Siebe legen und sie ebenfalls an einem luftigen, schattigen Ort ihre Feuchtigkeit ausatmen lassen. Der ideale Raum zum Trocknen ist ein Schuppen oder Dachboden, aber auch an der Oberseite eines jeden Balkons lässt sich ein solches Plätzchen finden: Ein Loch in die Decke des Balkons bohren, einen Haken darin befestigen und an diesem einfach die Kräutersträußchen aufhängen.

Wenn die Sträuße bei Berührung rascheln und knistern, sind sie trocken. Bitte achten sie immer darauf, daß die Kräuter weder in der Sonne liegen (sie würden zu viele ihrer Inhaltsstoffe verlieren), noch ihre Farbe beim Trocknen verändern (das ist ein Zeichen dafür, dass sie verdorben sind).

Von den fertigen Sträußen werden entweder die Blätter abgerebelt oder die ganzen Pflänzchen kleingeschnitten und in einem Glasgefäß aufbewahrt.

> Wurzeln

Das Trocknen von Wurzeln ist ein wenig umständlicher. Sie müssen zuerst gewaschen und dann in fingerdicke oder sogar dünnere Stücke geschnitten werden. Diese Scheibchen werden mit Hilfe einer Nähnadel an einem Bindfaden aufgefädelt. Ein Knoten vor und ein Knoten nach jeder Scheibe stellen sicher, dass die Wurzelstücke nicht verrutschen und genau einen fingerbreit Abstand wahren. Sind die Wurzeln recht klein, so braucht man sie nicht zu zerschneiden, sondern kann sie gleich auffädeln.

Diese Kette wird genauso weiter behandeln wie die Kräutersträußchen.

> Samen

Damit man überhaupt Samen ernten kann, schneidet man die fast reifen Dolden mit den Stängeln ab. Würde man die reifen Dolden ernten, so fielen die Samen schon an Ort und Stelle zu Boden. Die eben noch nicht ganz reifen Samen sollen braun sein, aber noch fest in der Samenkapsel sitzen. Nun bindet man vorsichtig Sträuße und hängt diese über einem sauberen Tuch im Schatten auf. Wenn die Samen nachreifen, fallen sie aus der Samenkapsel auf das Tuch. Schließlich werden die Sträuße vorsichtig ausgeklopft.

Damit man keine Tücher am Boden ausbreiten muß, gibt es den „Tüten-Trick". Der samentragende Strauß wird in eine Papiertüte gesteckt, ohne dass er den Sackboden berührt. Nun bindet man die Tüte am Strauß fest. Jetzt werden in das Papiersackerl beidseitig kleine Fenster geschnitten und geöffnet. Somit haben wir eine gute Luftzirkulation und die Samen – sobald sie abfallen – in der „Tasche“.

Nun braucht man nur noch „die Spreu vom Weizen zu trennen“, d.h. trockene Blätter und andere Pflanzenreste auszulesen, und schon kann man die Samen in einem Glasgefäß verwahren.

Dörren

Unter dem Dörren versteht man das Trocknen bei künstlicher Hitze. Davon ist abzuraten, da bei dieser Methode so gut wie keine wichtigen Inhaltsstoffe mehr in der Pflanze verbleiben.

Auch vom Kräutertrocknen in der Mikrowelle bitte ich Sie, die Finger zu lassen, die so getrockneten Pflanzen sind nicht mehr zu Heilzwecken zu gebrauchen.

Einfrieren

Die frischen, fein gewiegten Kräuter kann man mit etwas Wasser in den Portionsschälchen des klassischen Eiswürfelbehälters einfrieren. Nachdem die Kräuter und das Wasser gefroren sind, löst man die Portionswürfel aus der Schale und füllt sie in Gefriersäckchen. Diese verstaut man dann im Tiefkühlfach. So hat man immer gleich die richtige Menge Kräuter zum Würzen von Saucen etc. zur Hand.

Andererseits können die Gewürzkräuter auch einfach in einem kleinen Gefäß eingekühlt werden.

Mazerieren in Öl oder Essig

Das dadurch gewonnene Öl und der Kräuteressig sind die idealen Begleiter einer delikaten Salatküche. Auch Fische mit einem Hauch des balsamischen Öls anstatt mit Butter übergossen erhalten so ein feines Aroma. Den Verwendungsmöglichkeiten in der Küche sind fast keine Grenzen gesetzt.

Ein bisschen feuriger wird das Öl oder der Essig, wenn man Chillieschoten, Pfeffer und/oder Knoblauchzehen den Kräutern zufügt.

Kräuterölgrundrezept

10 - 15 g getrockneter Kräuter werden mit 0,7 Liter Olivenöl übergossen und dann fest verschlossen 3 Wochen ziehen gelassen. Danach seiht man das kostbare Öl ab.

Man verwendet deshalb getrocknete Kräuter, damit das Öl klar bleibt und nicht schlecht wird. Denn befindet sich zuviel Feuchtigkeit an und in den Kräutern, so können im Öl auch unerwünschte Keime wachsen und es verderben!

Öl des Mittelmeers

- 2 Lorbeerblätter
- 1 Zweig Rosmarin
- 2 Zweige Thymian
- 2 Chilischoten
- 0,7 l Olivenöl aus ertster Pressung

Die getrockneten Kräuter werden mit den getrockneten Chilis zusammen in eine Flasche gegeben. Nun wird das Öl darüber gegossen, die Flasche gut verschlossen und alles drei Wochen ziehen gelassen.

Jetzt kann das köstliche Öl abgeseiht werden. Salate, geröstetes Brot aber auch Fisch werden mit diesem Öl verfeinert.

Öl Provencale

- 1 Zweig Rosmarin
- 1 Zweig Thymian
- 1 Zweig Basilikum
- 1 Zweig Bohnenkraut
- 3 Salbeiblätter
- 1 Knoblauchzehen
- 0,7 l Olivenöl aus erster Pressung

Die getrockneten Kräuter werden mit der in Scheiben geschnittenen Knoblauchzehe in eine Flasche gegeben und mit dem Öl übergossen. Weiters verfährt man wie oben.

Das zarte, würzige Öl veredelt Kalb- und Hühnerfleisch, eignet sich hervorragend für Salate und kann auch für Fisch verwendet werden.

Kräuteressiggrundrezept

50 - 100g frische Kräuter werden mit 1 Liter 5% Weinessig übergossen, 3 - 6 Wochen mazerieren gelassen und dann durch einen Papierfilter abgeseiht.

Den wohlduftenden Essig füllt man in eine hübsche Flasche, in die man zuvor ein schönes, frisches Kräuterzweiglein gegeben hat. Somit ist der delikate Salatfreund fertig.

Die Kräuter für den Essig sollen gewaschen und abgetrocknet aber nicht getrocknet sein. Denn die Essigsäure ist ein gutes Konservierungsmittel. Daher kippt der Kräuteressig nicht, wenn man im Saft stehende, frische Kräuter verwendet.

Einsalzen

Mit Salz konservierte Kräuter können später einfach und schnell zur Zubereitung von Saucen, Suppen, Gemüsen oder Eintöpfen dienen. Klarerweise muss man beim Kochen berücksichtigen, daß diese Kräuter sehr salzig sind und daher bei der Verwendung von zusätzlichem Salz sparsam vorgehen.

So leicht lassen sich Kräuter einsalzen:

Zuerst wäscht und hackt man die Küchenkräuter fein. Danach schichtet man sie abwechselnd mit Meersalz in einem Steinguttopf oder einem Glasgefäß. Dabei kommt auf 5 Teile Kräuter 1 Teil Meersalz. Es wird immer mit einer Salzschicht nach oben hin abgeschlossen. Je feiner die Schichten, desto besser und haltbarer das Ergebnis. Die Kräuter müssen vor Verschluss des Gefäßes verdichtet sein, d.h. sie werden entweder mit einem flachen, sauberen Stein oder mit einem Löffel zusammengedrückt. Das Gefäß sollte bis zum Rand gefüllt sein, damit möglichst wenig Luft Platz hat. Kühl gelagert und gut zubereitet halten sich die eingesalzenen Kräuter bis zu einem Jahr.

Buon Appetito !

Heilmittelherstellung

Damit Heilmittel auch wirklich Heilmittel sind, sollte man einige Grundregeln bei der Herstellung beachten, wie z.B.: Dosierung, Dauer der Mazeration, Hygiene beim Arbeiten etc.. Schenkt man diesen Punkten Aufmerksamkeit, so ist einem der Erfolg sicher und man wird nicht von plötzlich verdorbenen Cremen oder Weinen unangenehm überrascht.

Haltbarkeit

Naturheilmittel haben eine begrenzte Haltbarkeit und sollten daher nur bei Bedarf hergestellt werden. Auszüge mit hohem Alkoholgehalt (40 – 80 %) sind über ein Jahr haltbar. Der aus getrockneten Kräutern gewonnene sogar noch länger. Hingegen sollten Medizinalweine nicht länger als einige Monate aufgehoben werden.

Cremen bewahrt man am besten im Kühlschrank auf, insbesondere wenn sie Schweineschmalz enthalten. Übrigens kann man alle Schweineschmalzcremen auch mit Olivenöl als Grundlage herstellen. Besteht die Creme zur Hauptsache aus Bienenwachs und Öl, so ist sie relativ lange haltbar und auch außerhalb des Kühlschranks gut zu lagern.

Absolute Zeiten der Haltbarkeit lassen sich nicht angeben, da diese auch sehr abhängig davon ist, wie sauber der Kräuterkoch arbeitet.

Materialien

Die Ausstattung der Kräuterküche ist einfach, man braucht keine speziellen Töpfe, Geräte oder Behälter.

Hygienisch anzuraten ist es, wenn man einen Topf, eine Porzellanschüssel und einen Kochlöffel nur für die Zubereitung von Heilmitteln reserviert. Besser als der Holzkochlöffel ist der nur einmal zu verwendende Holzspatel (erhältlich in der Apotheke). Denn unsichtbare Speisereste könnten zu einem frühzeitigen Verderben der selbst erzeugten Produkte führen.

Der kundige Heilkoch verwendet keine Metallgefäße. Diese können mit einzelnen Zutaten reagieren und so die Heilwirkung abschwächen oder gar zerstören. Deshalb benützt man am besten Email- oder Glaskochtöpfe und einen kleinen Holzkochlöffel. Wenn Sie sich weder mit dem Kochlöffel oder dem Spatel anfreunden können, so kaufen Sie sich den kleinsten Edelstahl-Schneebesen, der zu haben ist. Das ist zwar ein Kompromiss, aber je besser die Qualität des Stahls, desto weniger beeinflußt er die Wirkstoffe der Pflanzen. Eine lasierte Porzellan- oder Tonschüssel eignet sich sehr gut, um einzelne Bestandteile von Cremen im Wasserbad zu schmelzen. Dazu braucht man sie nur auf einen Dämpfeinsatz zu stellen.

Auch ist eine Briefwaage recht angenehm, wenn es um das Abwiegen kleiner Mengen geht. Andererseits kann man auch in der Apotheke geringe Mengen einer bestimmten Zutat kaufen und umgeht so die Anschaffung einer solchen Waage. Aber auf lange Sicht kommt einem die Briefwaage billiger, da die Apotheken das Abwiegen kleiner Mengen extra verrechnen.

Sauberkeit

Rückstände in sauberen, ausgekochten Gefäßen sind zu vermeiden, denn der „sterile Dreck" kann das Verderben der Medizin beschleunigen. Eine solche Verschmutzung kann das Wachstum von verschiedenen Keimen, die immer vorhanden, aber unerwünscht sind, fördern. In wirklich sauberen Behältern sind die Überlebenschancen solcher Keime äußerst gering.

Ebenso ist darauf zu achten, daß keine Spülmittelreste an dem Geschirr haften bleiben, denn wer trinkt oder schmiert sich gerne Seife auf die Haut.

Die sauberen Utensilien sollten unmittelbar vor dem Zubereiten einer Creme etc. sterilisiert (keimfrei gemacht) werden. Dieses geschieht dadurch, dass, man einen Kochtopf mit Wasser füllt, die zu sterilisierenden

Gegenstände hineinlegt und das Wasser ca. 20 Minuten kochen lässt. Nun kann man mit Plastikhandschuhen gewappnet, schnell in das noch heiße Wasser greifen, die Utensilien hervorholen und auf einem frischen und gebügelten Geschirrhandtuch abtropfen lassen.

Die Töpfe oder Schüsseln zur Zubereitung von Cremen, sowie die Glasgefäße zur Verwahrung von Cremen werden auch ausgekocht.

Gereinigte Flaschen brauchen lediglich mit einem Schuss starken Alkohols (60 - 80%) ausgespült zu werden. Diesen Vorgang wiederholt man am besten 1 - 2 mal. Wem das kochende Wasser zu heiß ist, kann die anderen Gegenstände auch mit Alkohol sterilisieren, ohne sich dabei die Finger zu verbrennen.

Zutaten

Man sollte sie immer so frisch wie möglich verwenden und nur geringe Mengen in Vorrat anlegen. Öl kann ranzig werden und Kräuter können verderben. Heilmittel, die aus schlechten oder alten Zutaten bereitet werden, sind nicht wirksam.

Daher immer auf die Frische achten. Auch hält ein Präparat aus frischen Zutaten bestehend länger.

Zubereitung

Die beste Köchin und der beste Koch werden sich nicht sklavisch an ein Rezept halten, wenn sie sehen, dass das Endprodukt nicht die gewünschte Beschaffenheit (z.B. die Creme ist zu flüssig, der Teig zu fest etc.) hat. Alle Naturprodukte unterliegen natürlichen Schwankungen der Inhaltsstoffe und das kann zur Folge haben, dass, obwohl nach dem selben Rezept vorgegangen worden ist, die Ergebnisse unterschiedlich sind, d.h. die eine Creme ist gerade richtig, die andere zu weich. Daher sind kleine Veränderungen in der Menge der Zutaten erlaubt und manchmal sogar erwünscht.

Teezubereitung

Gewöhnlich lässt man den Tee 5-10 Minuten ziehen, keinesfalls länger. Denn das Kraut kann sonst unerwünschte Gerb- und Bitterstoffe freisetzen, die die Geschmacksnerven sehr strapazieren und oft nicht gesund sind.

Zarte Pflanzenteile, wie Blüten und dünne Blätter, lässt man nur 2 - 4 Minuten ziehen, derbere Pflanzenteile, wie feste Blätter und Stängel, hingegen bleiben 5 - 7 Minuten im heißem Wasser. Absoluter Spitzenreiter sind die Wurzeln, sie müssen 10 Minuten im heißem Wasser ausgelaugt werden.

Vergisst man einmal auf den Kräutertee, nachdem man ihn aufgegossen hat, so ist er wegzuschütten.

Man unterscheidet zwischen Aufguss, Sud bzw. Abkochung und Auszug.

- Beim Aufguss werden die Kräuter mit heißem Wasser überbrüht.
- Beim Sud hingegen werden die Kräuter in das kochende Wasser gegeben, kurz mitgekocht und noch 10 Minuten neben dem Herd ziehen gelassen
- Beim Auszug setzt man die Kräuter im kaltem Wasser an und lässt sie 5 - 7 Stunden ziehen.

Cremen- und Weinzubereitung

Dazu befolgt man die Anweisungen der einzelnen Rezepte.

Für alle, die gerne Schweineschmalz durch Olivenöl ersetzten wollen, folgen hier zwei Rezepte für Cremen. Es wird zum Ausziehen der Pflanzen wie folgt vorgegangen: Die dem Rezept entsprechende Menge Kräuter wird in eine Glas- oder Tonschüssel gegeben und mit der dem Schweineschmalz entsprechenden Menge Olivenöl übergossen. Nun stellt man die Schüssel in ein Wasserbad und hält das Wasser 3-4 Stunden am Köcheln. Dadurch wird das Öl zwar erhitzt aber nie heißer als 100°C. Jetzt läßt man das Öl auf Raumtemperatur abkühlen und seiht es dann durch ein Stofftuch ab. Dieses Öl wird mit Bienenwachs zum Erhärten gebracht. (Kaufen Sie Bienenwabenwachs und reißen es in kleine Stücke, so schmilzt es besser.)

Bei Cremen wird nach dem Extrahieren der Pflanzen immer zuerst das Fett mit dem Wachs, Harz oder Lanolin gut vermengt. Erst wenn die Creme beim Abkühlen ist, werden ätherische Öle untergerührt.

Zum Lagern von Cremen oder Weinen nie Metallgefäße verwenden!

Cremengrundrezepte

I)

100 ml Olivenöl von Pflanzenauszügen werden mit 20 g Bienenwachs zum Erhärten gebracht. Will man eine weichere Creme, so fügt man noch 5 g Lanolin dazu.

Dazu erhitzt man das in eine Schüssel gefüllte Öl in einem Wasserbad. Nun bröckelt man unter ständigem, sanften Rühren das Bienenwachs in das Öl. Ist das Wachs vollständig aufgelöst, so rührt man genauso bedächtig das Lanolin unter. Ist alles zur Einheit geworden, hebt man die Schüssel aus dem Wasserbad und rührt gemächlich weiter bis die Creme festzuwerden beginnt. Nun ist der Zeitpunkt zum Abfüllen gekommen. Das gemütliche Rühren verhindert, dass Luft in die Creme eingeschlagen wird. Denn das würde die Haltbarkeit senken.

II)

100 ml Olivenöl und 50 ml Tinkturen werden mit 30-40 g Bienenwachs und 15 g Lanolin zum Erhärten gebracht. Zubereitung wie oben nur dass die Tinkturen nach dem Wachs und dem Lanolin eingerührt werden. Die Flüssigkeit muß langsam in Form eines kleinen Strahls beigemengt werden. Ansonsten erhalten Sie einen Klumpen aus Wachs und Tinktur, der erst wieder mühsam zum Schmelzen gebracht werden muß.

Bitte beachten Sie, dass keine Emulgatoren Fett und Wasser verbinden. Daher scheidet sich bei zu warmer oder zu langer Lagerung die wässrige Phase von der fetten ab.

Kräuteröle

Normalerweise zieht man die Wirkstoffe der Pflanze mit Olivenöl aus. Dazu wird ein Glasgefäß zu ⅓ mit den Kräutern gefüllt, mit Olivenöl aufgegossen und 4 Wochen ziehen gelassen. Der Verschluss der Flasche darf kein Kork sein, sondern muss aus Pergamentpapier oder einem abgekochten Leinenlappen bestehen. Damit das Öl nicht ranzig wird, versieht man den Verschluss der Flasche mit einigen Löchern.

Wer gerade erst beginnt, Ölauszüge zu machen, sollte leicht angetrocknete oder trockene Kräuter verwenden, damit er nicht gleich durch ein umgekipptes Öl entmutigt wird.

Dosierung

Auch Naturheilmittel müssen mit Bedacht eingesetzt werden. Der gewissenhafte Leser hat sicher schon bei den einzelnen Pflanzenbeschreibungen festgestellt, dass manche Kräuter oder ihre Heilstoffe in großen Mengen unangenehme Begleiterscheinungen haben können. Selbst Kochsalz, in Unmengen zu sich genommen, ist gesundheitsschädigend. Schon Paracelsus sagte „die Dosis macht das Gift".

Man soll sich dadurch aber nicht vom Gebrauch der Kräuter und Aromate abschrecken lassen, sondern sie mit Maß, Ziel und Verstand einsetzten.

Eine Kräuterteekur muss in jedem Fall nach 4 Wochen täglichen Konsums für eine Woche unterbrochen werden. Ansonsten besteht die Möglichkeit, dass Nebenwirkungen auftreten.

Zum Würzen von Speisen wechselt man sowieso immer wieder die Gewürze, da die Mahlzeiten sonst zu eintönig werden würden. Somit besteht in der Küche sicher nicht die Gefahr eines zu langen, durchgehenden Einsatzes von Aromaten und Kräutern.

Alle Medizinalweine, Cremen und Tinkturen werden sowieso nur bei Bedarf verwendet und hergestellt. Natürlich muss man sich an die Dosierungsanleitung halten und darf nicht ein Wasserglas trinken, wenn nur ein Stamperl vorgeschrieben ist.

Beherzigt man diese Dinge, so steht einem Einsatz der Gewürze und Aromate zur positiven Einflussnahme auf das eigene Wohlbefinden nichts mehr im Wege. Auch ist es eine Freude zu wissen, dass man sich selbst und anderen Gutes tut, wenn man neben delikaten Gerichten auch noch einfache Hausmittel zur Verbesserung verschiedener Wehwehchen und Leiden hervorzaubert.

Der Mineralstoffgehalt auf 100 g

	Kalzium	Eisen	Magnesium	Phosphor	Kalium	Natrium	Zink	Kupfer	Mangan	Selen	Cobalt
Basilikum	1.000 mg	43 mg	400 mg				5,5 mg	1,4 mg	3 mg		
Bohnenkraut			390 mg					0,8 mg	8 mg		
Chili			330 mg				2,3 mg			25 µg	
Dill			340 mg				4 mg	0,5 mg	3,9 mg		
Estragon		24 mg	310 mg				4,5 mg	0,6 mg	5 mg		
Fenchel	1.200 mg	18 mg	380 mg	490 mg	1.700 mg	90 mg	3,7 mg	1 mg	6,5 mg		
Gewürznelken			250 mg				1,2 mg	0,32 mg	30 mg		115 µg
Ingwer			150 mg				5 mg	0,4 mg	20 mg		
Kardamom	383 mg	14 mg	230 mg	180 mg	1.120 mg	18 mg	7 mg				
Kerbel	1.000 mg	1,6 mg	35 mg		600 mg	10 mg					
Knoblauch	40 mg	1,4 mg	35 mg	135 mg	530 mg	19 mg	1 mg	0,26 mg	0,46 mg	20 µg	
Knoblauchpulver			70 mg				2,2 mg	0,2 mg	45 µg	180 µg	
Koriander			330 mg				4,5 mg	1 mg	1,9 mg		
Kümmel	700 mg	25 mg	260 mg	570 mg	1.350 mg	17 mg	5,5 mg	0,9 mg	1,3 mg	12 µg	
Kren	105 mg	1,4 mg	35 mg	65 mg	555 mg	9 mg	1,4 mg	0,14 mg	0,46 mg	Spuren	
Kreuzkümmel	930 mg	66,4 mg	365 mg	498 mg	1.790 mg	167 mg	4,8 mg	0,87 mg	3,3 mg	5,2 µg	
Lorbeerblätter		53 mg	120 mg				74 µg	0,45 mg	8 mg		
Majoran		73 mg	340 mg				4,3 mg	1,1 mg	5,4 mg		
Muskatnuss			180 mg				2,1 mg	1 mg	2,1 mg	19 µg	
Petersilie	1.000 mg	6 mg	200 mg	130 mg	1.000 mg	35 mg	4 mg	0,8 mg	10 mg	85µg	20 µg
Petersilienwurzel	40 mg	0,85 mg	25 mg	55 mg	400 mg	12 mg					
Pfeffer			180 mg				2 mg	1,1 mg	4,7 mg		
Piment	660 mg	7,1 mg	134 mg	113 mg	1.044 mg	77 mg	1 mg	0,6 mg	2,9 mg	3 µg	

	Kalzium	Eisen	Magnesium	Phosphor	Kalium	Natrium	Zink	Kupfer	Mangan	Selen	Cobalt
Rosmarin		33 mg	220 mg				5 mg	0,6 mg	1,8 mg		
Salbei		27 mg	420 mg				5 mg	0,8 mg	3,2 mg		
Schnittlauch	800 mg	2 mg	45 mg	75 mg	435 mg	3 mg					
Senf (schwarz)	521 mg	10 mg	300 mg	840 mg	680 mg	4,5 mg	5,7 mg	0,4 mg	1,7 mg	133 µg	
Senf (weiß)	521 mg	10 mg	300 mg	840 mg	682 mg	4,5 mg	5,7 mg	0,4 mg	1,8 mg	133 µg	
Thymian		135 mg	260 mg				6,5 mg	1,6 mg	8,3 mg	7 µg	
Zimt	1.230 mg	38 mg	55 mg	61,4 mg	500 mg	26,3 mg	2 mg	0,3 mg	16,7 mg	25 µg	70 µg

Bitte beachten Sie, dass der Mineralstoffgehalt einer Pflanze von dem Boden abhängig ist, auf dem sie wächst.
Daher haben wir in europäischen Knoblauch, Kümmel, Petersilie, Senf und Thymian kein Selen, sehr wohl aber in amerikanischen.
Weiters ersieht man aus der Tabelle, dass die importierten exotischen Gewürze sich als gute Mineralstoffquelle erweisen.

Der Vitamingehalt auf 100 g

	Vitamin C	Vitamin B1	Vitamin B2	Niacin	Vitamin B6	Folsäure	Vitamin A	Vitamin E
Fenchelsamen	30 mg	0,4 mg	0,35 mg	6,05 mg			135 I.U.	13,5 µg
Kardamom		0,20 mg	0,2 mg	1,1 mg		29 µg		
Kerbel	120 mg	0,12 mg	0,34 mg	1,5 mg	25 µg		9.150 I.U.	2,9 mg
Knoblauch	14 mg	0,20 mg	0,08 mg	0,6 mg				11 µg
Kreuzkümmel	7,7 mg	0,63 mg	0,33 mg	4,6 mg	0,34 mg	10 µg	1.270 I.U.	1 mg
Kren	120 mg	0,14 mg	0,11 mg	0,6 mg	0,18 mg		33 I.U.	
Kümmel	21 mg	0,38 mg	0,38 mg	3,6 mg	0,34 mg	10 µg	363 I.U.	2,5 mg
Petersilie	166 mg	0,14 mg	0,3 mg	2,8 mg	0,20 mg	170 µg	12.100 I.U.	2,7 mg
Petersilienwurzel	40 mg	0,1 mg	0,08 mg	2 mg	0,23 mg		33 I.U.	
Piment	39 mg	0,1 mg	0,1 mg	2,9 mg	0,3 mg	36 µg		1 mg
Schnittlauch	45 mg	0,14 mg	0,15 mg	0,6 mg	0,42 mg		500 I.U.	1,6 mg
Senf (schwarz)	3 mg	0,5 mg	0,4 mg	7,9 mg	0,3 mg	76 µg	62 I.U.	2,5 mg
Senf (weiß)	3 mg	0,5 mg	0,38 mg	7,9 mg	0,3 mg	76 µg	62 I.U.	2,5 mg
Zimt	28,5 mg	0,1 mg	0,1 mg	1,3 mg	0,3 mg	29 µg		

I.U. (auch i.E.) = Internationale Einheit

Fettlösliche Vitamine

Alle fettlöslichen Vitamine können vom Körper nur mit Fetten und Gallensalzen gemeinsam aufgenommen werden. Daher meiden Sie eine fettlose Küche und verwenden zu allen Gerichten kleine Mengen von Fett am besten kaltgepresste Pflanzenöle (Olivenöl).

Also nie eine Karotte ohne dem obligatorischen Tropfen Öl essen. Es wäre schade um die guten Vitamine.

Fettlöslich sind Vitamin A, D, E und K.

Alle anderen sind wasserlöslich!

Wasserlösliche Vitamine

Alle wasserlöslichen Vitamine werden mit Wasser ausgewaschen. Daher ist das in Wasser einlegen von Salat, damit er wieder knackig wird ausgemachter Unsinn. Der Salat verliert damit alle wasserlöslichen Vitamine.

Außerdem soll das Kochwasser von Gemüse, Getreide und Vollkornnudeln möglichst immer mitverwendet oder am selben Tag wiederverwendet werden (z. B.: Kochwasser von Nudeln zu Mittag für die Suppe am Abend).

Quellen

- „Spurenelemente in Lebensmitteln“, Verlag Hans Huber, Bern Stuttgart Wien, 1973
- „Der kleine 'Souci-Fachmann-Kraut', Lebensmitteltabellen für die Praxis“, Wissenschaftliche Verlagsgesellschaft Stuttgart, 1991
- Produktinformationen der Firma H.P. Schmid, California, 2000 (http://www.schmidhp.com)

Register

Blutreinigende Gewürzkräuter

Bertram
Borretsch
Kerbel
Knoblauch
Muskat
Petersilie
Rosmarin
Ysop

Aufbauend
Pimpernelle

Diabetes

Knoblauch
Kren
Rosmarin
Wacholder

Blutzuckersenkend
Knoblauch

Gegen Durstgefühl
Bohnenkraut

Erkältungskrankheiten (Husten, Schnupfen & Co)

Erkältung und Grippe
Borretsch
Chili
Dill
Fenchel
Knoblauch
Majoran
Melissen
Petersilie
Piment
Quendel
Senf
Salbei
Thymian
Zimt

Husten
Anis
Basilikum
Ingwer
Kren
Liebstöckel
Majoran
Pfefferminze
Rosmarin
Salbei
Wacholder

Bronchitis
Kümmel
Senf

Schleimlösend
Bertram
Bohnenkraut
Fenchel
Ingwer
Koriander
Kümmel
Majoran
Ysop

Halsschmerzen
Bohnenkraut
Fenchel
Liebstöckel
Salbei
Senf

Heuschnupfen
Majoran

Gallensekretionssteigernd
Kurkuma
Melisse
Rosmarin

Gicht und Rheuma

Innerlich
Bohnenkraut
Estragon
Fenchel
Kerbel
Kümmel
Kren
Liebstöckel (besonders bei Gicht)
Petersilie
Rosmarin
Salbei
Wacholder
Ysop

Äußerlich
Borretsch
Estragon
Fenchel
Ingwer
Knoblauch
Lorbeer
Majoran
Melisse
Piment
Rosmarin
Salbei
Senf
Thymian
Wacholder
Ysop

Haare

gegen Haarausfall
Bockshornklee
Majoran
Ingwer
Petersilie

Schuppen und Haarausfall
Wacholder

Hämorrhoiden und Krampfadern

Ingwer
Koriander
Lavendel
Majoran
Rosmarin
Safran

Haut

Kerbel
Knoblauch
Kren (gegen Sommersprossen)
Liebstöckel
Majoran
Minze
Petersilie
Quendel
Salbei
Thymian
Wacholder

Neurodermitis
Fenchel
Vanille

Galgant
Gewürznelken
Ingwer
Knoblauch
Koriander
Kümmel
Kurkuma
Liebstöckel
Muskatnuss
Petersilie
Pfeffer
Piment
Rosmarin
Safran
Thymian
Vanille
Wacholder
Zimt

Krämpfe und Koliken
Anis
Bohnenkraut
Dill
Knoblauch
Kurkuma
Liebstöckel
Lorbeer
Majoran
Melisse
Minze
Petersilie
Safran
Thymian

Magenbeschwerden
Anis
Estragon
Fenchel
Gewürznelken
Kren
Liebstöckel
Lorbeer
Muskatnuss
Ysop

Magenübersäuerung
Estragon

Magenverschleimung
Liebstöckel

Entzündungen
Basilikum
Minze
Wacholder

Magengeschwüre
Gewürznelken

Völlegefühl
Galgant
Koriander
Kümmel

Resorptionsstörungen
Bertram

Vergiftungserscheinungen
Basilikum

Durchfall
Bohnenkraut
Ingwer
Knoblauch
Liebstöckel
Pfeffer
Pimpernelle
Salbei
Zimt

stark appetitanregend
Dill
Estragon
Galgant
Ingwer
Kerbel
Koriander
Kurkuma
Liebstöckel
Lorbeer
Majoran
Piment
Salbei
Senf
Zimt

Milchunverträglichkeit
Mutterkümmel (= Kreuzkümmel)

Migräne und Kopfschmerzen

Gewürznelken
Lorbeer
Majoran
Minze
Piment
Rosmarin
Salbei
Wacholder

Milz

Liebstöckel
Muskat
Petersilie

Mund und Zähne

Mundgeruch
Kümmel
Koriander
Petersilie

Trockener Mund
Anis

Parodontose
Basilikum
Bohnenkraut
Kren
Rosmarin
Salbei

Zahnschmerzen
Gewürznelken
Piment
Estragon
Ingwer
Koriander
Kurkuma
Senf

Nervosität und Nervenschwäche

Nervenstärkend
Anis
Basilikum
Dill
Liebstöckel
Muskat
Rosmarin
Salbei
Thymian
Vanille
Wacholder
Zimt

Schlaffördernd
Safran

Seele - Gemüt - Verstand

Antidepressiva
Borretsch
Ingwer
Muskatnuss
Nelke
Petersilie
Ysop
Zimt

Angstgefühle
Rosmarin
Safran
Vanille

Schmerzen und Krämpfe
Minze

Konzentrationsstärkend
Bertram
Galgant
Minze
Muskatnuss
Vanille
Wacholder

Wunden - Quetschungen - Verletzungen

Verletzungen
Basilikum
Koriander
Safran

Wunde Haut
Ingwer

Wunden
Liebstöckel
Majoran
Melisse
Rosmarin
Wacholder

Antiseptisch und entzündungshemmend
Rosmarin
Salbei
Thymian

Brandwunden
Borretschblätter
Kren
Ysop

Frostbeulen und Erfrierungen
Kren

Insektenstiche
Kren
Knoblauch

Schock
Thymian

Verstauchung und Verrenkung
Majoran
Rosmarin
Salbei
Thymian

Quellennachweis

- „A Barefoot Doctor's Manual"
  Routledge & Kegan Paul Ltd, London 1978
- Fintelmann, Volker et al.; „Phytotherapie Manual"
  Hippokrates Verlag, Stuttgart 1989
- Gelencir, Nikola; „Naturheilkunde des Balkans"
  Verlag Wilhelm Ennsthaler, Steyr 1983
- Jaén, José; „Handbuch der kanarischen Volksmedizin"
  Centro De La Cultura Popular Canaria, 1997
- „Kräuter und Gewürze"
  Lechner Eurobooks, Geneva 1996
- Kreuter, Marie-Luise; „Der Biogarten"
  BLV, München Wien Zürich 1992
- Kushi, Michio; „Die makrobiotische Hausapotheke"
  Verlag Ost-West Bund, Rhelingen 1985
- Leung, Albert Y.; „Chinesische Heilkräuter"
  Diederichs, München 1995
- Losch, Fr.; „Kräuterbuch"
  Reprint durch den Bechtermünz Verlag, Augsburg 1997
- Mabey, Richard et al. ; „Das neue BLV Buch der Kräuter"
  BLV, München Wien Zürich 1995
- Meistern, Georg; „Der orientalisch-indianische Kunst- und Lust-Gärtner"
  Autoris 1692
- Mességué, Didier; „Die Kräuter meines Vaters"
  Wilhelm Heyne Verlag, München 1974
- Mességué, Maurice; „Das Messegue Heilkräuter Lexikon"
  Verlag Fritz Molden, Wien-München-Zürich 1976
- Mességué, Maurice; „Die Natur hat immer Recht"
  Ullstein GmbH, Frankfurt-Berlin-Wien 1982
- Michalek, Patricia S.; „Biologisch gärtnern mit Erfolg - Kräuter"
  Du Mont, Köln 1993
- Müller, Irmgard; „Die pflanzlichen Heilmittel bei Hildegard von Bingen"
  Verlag Herder, Freiburg im Breisgau 1993

- Nosovský, Miloslav et al.; „Kořní kouzlo ve Vaší kuchyni"
  Agentura V.P.A., Praha 1996
- Pahlow, Mannfried; „Gewürze - Genuß und Arznei"
  Medpharm Scientific Publ. Stuttgart 1996
- Plinius Secundus, Gaius; „Naturkunde"
  Artemis Verlags-AG, Zürich 1996
- Rätsch, Christian; „Heilkräuter der Antike"
  Eugen Diederichs Verlag, München 1995
- Rätsch, Christian; „Indianische Heilkräuter"
  Eugen Diederichs Verlag, München 1992
- Rätsch, Christian; „Pflanzen der Liebe"
  AT Verlag, Aarau 1995
- Rätsch, Christian; „Pflanzen der Venus"
  Ellert und Richter, Hamburg 1995
- Rätsch, Christian; „Räucherstoffe - Der Atem des Drachen"
  AT Verlag, Aarau 1996
- Rauscher, Karl; „Heilkräuter Geschenke Gottes für deine Gesundheit"
  Freunde der Heilkräuter, Karlstein 1996
- Schiller, Reinhard; „Hildegard Pflanzen Apotheke"
  Pattloch Verlag, Augsburg 1991
- Schönfelder, Peter und Ingrid; „Der Kosmos-Heilpflanzenführer"
  Franckh'sche Verlagshandlung, Stuttgart 1988
- Schwarz, Aljoscha A. und Schweppe Roland P.; „Hildegard-Medizin";
  mvg-verlag, München Landsberg am Lech 1995
- Shankara, Parvatee; „Handbuch für Selbstversorger"
  Packpapier Verlag, Osnabrück
- Theophrast; „Charaktere"
  Reclam, Suttgart 1970
- Treben, Maria; „Gesundheit aus der Apotheke Gottes"
  Ennsthaler Verlag, Steyr 1996
- von Au, Franziska; „Die besten Hausrezepte gegen alle Krankheiten"
- von Peschke, Hans und Feldman, Werner; „Das Kochbuch der Renaissance"
  Artemis & Winkler Verlag, Düsseldorf / Zürich 1997
- Willfort, Richard; „Gesundheit durch Heilkräuter"
  Rudolf Trauner Verlag, Linz 1995

Maria Treben

Gesundheit aus der Apotheke Gottes

Ratschläge und Erfahrungen mit

Heilkräutern

108 Seiten, 33 Abbildungen,

4 Farbtafeln

Format: 21 x 29,5 cm, br.

ISBN 3-85068-090-8

Vom Bärlapp bis Zinnkraut werden in diesem Buch insgesamt 31 Heilkräuter ausführlich beschrieben. Zahlreiche Anwendungsmöglichkeiten zum Beispiel als Tee, Tinktur, als aufzulegender Brei, Bad oder Frischsaft werden ausführlich erklärt.

Die angeführten Rezepte sind tausendfach bewährt und erfolgreich angewandt worden. Diese vielen Heilerfolge haben das Buch „Gesundheit aus der Apotheke Gottes“ zum **Bestseller** gemacht.
Maria Treben hat altes Wissen, das meist schon in Vergessenheit geraten war, wiederbelebt.

Roswitha Fehrer

Mehr als nur Trennkost

Gesunde Ernährung –

die schmeckt!

170 Trennkostrezepte

208 Seiten, geb.

Format: 16,5 x 24 cm

ISBN 3-85068-561-6

Dass Trennkost eine Art Diät nur für Übergewichtige sei, ist leider noch immer ein verbreitetes Vorurteil. Dabei ist Trennkost im Gegenteil eine gesunde Ernährungsweise für jedermann. Roswitha Fehrer räumt nun in ihrem neusten Buch mit einem Irrtum auf, der in allen bisherigen Trennkostwerken vertreten ist: dass die Kartoffel nämlich zu den Kohlehydraten zählt.

In Anlehnung an die Traditionelle Chinesische Medizin geht sie davon aus, dass die Kartoffel zum Gemüse gehört und daher neutral ist. Dadurch liegen sowohl Gerichte mit Fleisch & Kartoffeln, wie auch Fisch & Kartoffeln im Rahmen der Trennkost und es ergeben sich viele neue Kombinationsmöglichkeiten in der Küche, die die Autorin in ihrem umfangreichen Rezeptteil vorstellt.

Roswitha Fehrer

Das 5-Elemente Kochen

im Einklang mit den Jahreszeiten

250 Rezepte für die ganze Familie

288 Seiten, br.

Format: 16,5 x 24 cm

ISBN 3-85068-538-1

Das 5-Elemente-Kochen nutzt die unterschiedlichen energetischen und thermischen Qualitäten der Lebensmittel, die in die Elemente Holz, Feuer, Metall und Luft eingeteilt sind. Wer sich auf die Ernährungslehre aus dem alten China einlässt, wird seine Eßgewohnheiten bald umstellen, denn, so führt die Autorin eindringlich vor Augen, viele uns vertraute Lebensmittelkombinationen sind giftig. Sie führen zu Blockaden im Energiekreislauf des Körpers und zu Gewichtszunahme. Ihre 250 Gerichte, komponiert für die ganze Familie, sind nach den Jahreszeiten und in der jeweiligen Saison erhältlichen Zutaten zusammengestellt und dadurch auch immer frisch und bekömmlich.
Mit praktischem Lebensmittelposter!

Günther W. Frank

Kombucha

Mythos –

Wahrheit – Faszination

Das biologisch aktive Naturgetränk

Was es für Sie persönlich tun kann

160 Seiten, s/w Fotos

Format: 12 x 18 cm, br.

ISBN 3-85068-555-1

Wie gut Kombucha tatsächlich tut und warum, und weshalb das Getränk aus dem Hefepilz dabei ist zum Kultgetränk zu avancieren, darüber berichtet Günther W. Frank in seinem neuesten Buch über das Lebenselixier. In China vor mehr als 2000 Jahren zum ersten Mal aus Mikroorganismen, Grünem Tee und Heilkräutertee „angesetzt", weiß man heute um die günstige Wirkung des Naturgetränks: es fördert die Abwehrkräfte des Organismus, hebt das allgemeine Wohlbefinden und hilft dem Körper sich selbst zu heilen, u.a. bei der Regulierung der Darmflora, zur Zellstärkung, bei Entgiftung und Entschlackung, zur Stoffwechselharmonisierung und zur Begünstigung des Säure-Basen-Gleichgewichts. Außerdem schmeckt es köstlich, belebend, erfrischend und widerlegt das alte Vorurteil, das alles Gesunde bitter ist oder unserem Gaumen nicht zusagt. Neben all dem Wissenswerten, verrät Günther W. Frank Bezugsquellen von Kombuchaherstellern und die Besonderheit ihrer jeweiligen Mixturen.